Anita Bind-Klinger: Aura-Soma und Homöopathie

Anita Bind-Klinger

AURA-SOMA & HOMÖOPATHIE

Neue Ansätze und Wege in der Schwingungsmedizin

Aquamarin Verlag

Deutsche Originalausgabe

85567 Grafing

Umschlaggestaltung: Annette Wagner
Druck: Ebner & Spiegel Ulm

ISBN 3-89427-253-8

Für Ruth und Axel

INHALT

EINLEITUNG

Aura-Soma und Homöopathie – zwei *Zeitgeist bewusste* Heilungsmethoden. Schwingungsmedizin mittels energetischer Information. Zwei Heilkünste *von* Menschen *für* Menschen. Zwei verschiedene und doch ähnliche Wege zum gleichen Ziel – das Schmerzliche zu *er-lösen*, um den Kern allen Seins zu *er-leben*. Dabei mögen die Worte für Aura-Soma, wie Vertrauen stärken oder mit dem „inneren Kind" arbeiten, freundlicher, vielleicht esoterischer oder spiritueller klingen als die Arzneimittelprüfungsergebnisse von homöopathischen Heilmitteln. Da geht es um Verstopfung und Krämpfe oder juckende Ekzeme. Das „Loslassen des Vergangenen" kann das gleiche wie „Verstopfung" bedeuten. Bei Letzteren spürt man, wie es ist, wenn man Ersteres nicht lebt.

Dieses Buch enthält vielleicht neue Gedanken zum Verständnis beider Systeme, vom Equilibrium „Erzengel Haniel" bis zu homöopathischen Mitteln der „Neuen Zeit", wie *Lac humanum* – der Muttermilch, oder *Saccharum raffinatum* – dem Zucker. Gerade der Zucker, als etwas ganz Alltägliches und Vertrautes, kann ein ganz besonderes Heilmittel sein. Gerade in der Einfachheit liegt Größe.

Diese Arbeit versucht zu erklären, zu verdeutlichen und zu informieren. Zum Teil ist es eine Hilfe zur Selbsthilfe. Es kann natürlich nicht Ziel dieser Publikation sein, die durch einen qualifizierten Therapeuten vorgenommene Diagnose und/ oder Behandlung zu ersetzen.

Dhanyavad ist der Sanskrit-Begriff für die Vielfältigkeit von „Danke". *Dhanyavad* sage ich aus tiefstem Herzen all den sichtbaren und unsichtbaren Kräften und Menschen, die das Buch zu dem werden ließen, was es ist.

KAPITEL 1

Es gibt eine Vielzahl guter Bücher über Aura-Soma und über die Homöopathie. Mir liegt in diesem Buch daran, diese beiden wunderbaren Behandlungswege als Methoden der *Schwingungsmedizin* hervorzuheben. Sie stellt einen neuen Ansatz dar, passend in die Wendezeit des Wassermann-Zeitalters, und ist doch sehr alt und bewährt, weil nichts wirklich neu erfunden werden kann, sondern nur *wiederentdeckt* und Altes *weiterentwickelt* wird. Alte Wahrheiten bewähren sich immer wieder aufs Neue, indem sie wie alte Rosen neu erblühen, wenn die Zeit reif ist, da sie ihre Wurzeln in den Energieräumen der Erde haben.

Die Aura-Soma-Essenzen, Pomander, Meister-Quintessenzen und Equilibrien sind eine Welt für sich. Man kann über die Farben, die Düfte und die geistigen Botschaften einen speziellen Weg in die Tiefe gehen oder sich über das Tarot und die Kabbala mit uns verwobene Welten erschließen. Manchmal kann das auch verwirren oder sehr abstrakt klingen – wesentlich ist mir, den konkret anwendbaren körperlichen Bezug zu benennen, was nicht heißt, dass die anderen Komponenten nicht mitschwingen.

Die homöopathischen Arzneimittel sind ebenfalls eine Welt für sich. Die Informationen für die feinstoffliche Lebenskraft, die im Regulationszentrum Gehirn/Nervensystem/Geist wirkt, klingen manchmal sehr komplex oder paradox, und doch erfuhr mancher vielleicht schon selbst, dass bei einer akuten Prellung oder blutenden Wunde Arnika ein Wundermittel war. Hier erscheint es mir wichtig, zusätzlich zu den wohlbekannten körperlichen Wirkungsweisen den psychischen Aspekt aufzuzeigen und was die anscheinend körperlich wirkende Schwingung in dem geistig-seelischen Gemützustand bewegt.

Beide Wege des Behandelns und des Bewusstwerdens sind in unserem Bemühen um Gesundheit und Krankheit mögliche Wege, um *mit uns selbst ins Reine zu kommen*. Wir kommen nicht umhin, Krankheiten als Korrektiv unserer Seele zu sehen. Jeder massive Eingriff in diesen Prozess der Selbstregulation vertagt oder verschiebt nur die Thematik. Wobei Eingriffsmethoden wie Operationen, chemische Medikamente und das ganze Arsenal der so genannten Schulmedizin natürlich nicht mehr wegzudenken sind, haben sie doch zahllose Leben gerettet. Das letztendlich Heilende spielt sich jedoch nicht im OP-Saal oder im Behandlungszimmer ab. Es geschieht in uns selbst und nimmt sich die Zeit, die es dafür haben will.

Mit Aura-Soma und Homöopathie ist es möglich, genau diese Heilungsprozesse zu unterstützen, mitzutragen und wie ein Katalysator das wirkungsvoll Heilende in Gang zu setzen und zu begleiten. Dies ist ein *Segen* für jeden Entwicklungsprozess.

Morphische Felder unserer Zeit

Wir leben in einer global vernetzten Informationsgesellschaft. Das betrifft Wirtschaft und Politik genauso wie das einzelne Individuum. Mehr und mehr wird uns bewusst, was Vernetzung bedeuten kann. Nach Rupert Sheldrakes Theorie der *morphischen Felder* hat jedes System ein bestimmtes energetisches Kraftfeld, das alle Informationen enthält, die dieses System betreffen. Das gilt auch für die Menschheitsgeschichte.

Wissenschaftler wie Rupert Sheldrake haben Erfahrungen aus allen möglichen Lebensbereichen zusammengetragen und Verknüpfungen hergestellt, die immer wieder aufs Neue korrigiert oder erweitert werden können/müssen/sollen/dürfen. So wurde im Verhalten von Affen beobachtet, dass *auf einmal,* nachdem ein Affe es erstmals so machte und andere es ihm nachahmten, alle Affen sandige Kartoffeln im Fluss wuschen, so als wäre es das Selbstverständlichste auf der Welt und schon immer so gewesen. Nachdem etwa einhundert Mal eine Frucht auf diese Weise gewaschen wurde, bevor ein Affe sie aß, – so vereinfacht nach Sheldrake–, formte sich das energetische Muster und prägte mit der Zeit das Verhalten aller Affen auf allen Teilen der Erde. Ein Phänomen, das sich wieder und wieder auch in anderen Lebensbereichen zeigt, natürlich auch in der Menschheitsgeschichte.

Zum Beispiel haben Buchen ein morphisches Feld, in welchem alle Informationen über das Wachstum und die Entwicklung, vom Sämling bis zum ausgewachsenen Baum, gespeichert sind. Der Wald hat ein morphisches Feld, das für die Organisation und die Entwicklung des Ökosystems sorgt. Im morphischen Feld ist die gesamte Lebenserfahrung eines Systems gespeichert. Neue Erfahrungen werden unmittelbar in das Feld übernommen und wirken sofort. Das Formenfeld ist unbegrenzt; wo immer auf der Erde Buchen stehen, befinden sie sich immer in Resonanz mit dem Buchen-Feld.

Gibt es so etwas wie kollektive Krankheiten und kollektive Heilungsprozesse? Welche Einflüsse üben dabei morphogenetische Felder aus? Die Antwort auf diese Fragen sollen nicht Zivilisationskrankheiten mit den Informationen speichernden Kraftfeldern erklären. Mein Impuls geht im Gegenteil in die Richtung, dass, wenn es morphische Felder für Entwicklungen in welche Richtung auch immer gibt, es auch solche wirksamen Kraftfelder der Heilung und Genesung gibt – ähnlich einer Blaupause, einer *Matrix der Heilung*. Es gab Heilungswege und wird sie immer geben, ebenso wie es Krankheitsprozesse gab und gibt.

Welches Kraftfeld entsteht, wenn viele Menschen gemeinsam beten? Welche morphischen Felder formen sich, wenn an verschiedenen Orten, zu gleichen Zeiten, auf unserer Erde Friedensveranstaltungen abgehalten werden? Wählen wir mehr oder weniger bewusst, in welches Kraftnetz wir uns einklinken – in ein krankhaftes oder in ein heilsames? Inwieweit beeinflusst unsere Bewusstwerdung unsere Gesundheit?

Die geistigen Gesetze sind Teil einer alles durchdringenden Ordnung, die sich in allen sichtbaren und unsichtbaren Geschehnissen manifestiert. Es ist keine Frage des Glaubens mehr, sondern nur noch eine Frage der Zeit, bis solche morphische Felder der Heilung anerkannt und beschrieben werden können. Aber dieser Prozess ist unvollendet – denn jedes Individuum, an seinem Platz und mit seinen ureigenen Fähigkeiten, schreibt ihn fort. Das ist wahre Schöpfung.

Begegnen sich die scheinbar gegensätzlichen Bereiche Wissenschaft und Spiritualität nicht gerade jetzt auf faszinierende Art und Weise. Fritjof Capra formulierte einmal: „Die Naturwissenschaftler kennen die Zweige des Baumes des Wissens, aber nicht seine Wurzeln. Die Mystiker kennen die Wurzel des Baumes des Wissens, aber nicht seine Zweige. Die Naturwissenschaft ist nicht auf die Mystik angewiesen und die Mystik nicht auf die Naturwissenschaft – doch die Menschheit kann auf keine der beiden verzichten."

So stehen wir alle gemeinsam – überall und ohne Ausnahme – an einem Wendepunkt. Wir sind Teil in dem Chaos ungelenkter Energien, Neuorientierungen und manchmal verzweifelter Versuche, auf einem noch kranken Fundament etwas aufbauen zu wollen. Unser offizielles Gesundheitssystem und Versicherungswesen scheint durch einen Geld verzehrenden Virus chronisch krank zu sein. Eine Rückbesinnung auf Wesentliches tut hier not. Einem *Er*leben in der Welt von Fülle und Überfluss steht das *Über*leben durch bodenlose Armut und Not gegenüber. „Wo alle Grenzen sich durchschneiden, alle Widersprüche sich berühren, da ist der Punkt, wo das Leben entspringt", sagte Friedrich Hebbel. Dies charakterisiert eine Wendezeit, die Geburt eines neuen Abschnitts der Menschheitsgeschichte.

Wer die psychotherapeutischen Ansätze von Virginia Satir

oder Bert Hellinger kennt, hat von dem Begriff „Ordnung der Liebe" gehört. Es geht hier um ein unsichtbar gewobenes Netz aus emotionalen Verbindungen, die mit dem Verstand nicht erklärbar, aber spürbar sind. Vereinfacht ausgedrückt: Erst wenn jeder Familienangehörige, ob anwesend, verstorben oder ausgegrenzt, in Würde seinen *richtigen* Platz im System einnimmt, kehrt Harmonie ein. So lange finden Mechanismen der Balance und des Willens zum Ausgleichen ihre verschiedenartigsten Ausdrücke. Das Ganze ist nicht „in Ordnung". Wie diese und andere unsichtbare Kraftfelder wirken und welche Aufgabe wir darin haben, darum geht es in dem folgenden Abschnitt.

Schwingungsmedizin – Informationsmedizin

Die *Informationsmedizin* wurde schon vor langer Zeit geboren. Sie ist nichts Neues, und doch zeigt sie sich immer wieder in neuen Gesichtern. Es gibt Zeiten, da entwickelt sich die *Medizin der Schwingungen* im Schatten der naturwissenschaftlich anerkannten Medizin. Allzu oft lähmen Zweifel ihre Fortschritte und erschweren gegensätzliche Aussagen ihre Erfahrungen. Altes Wissen in neuen, modernen Gewändern wird oft belächelt und weniger angelächelt.

Immer öfter kommen Menschen in meine Praxis und bitten um Hilfe, lehnen aber Geräte und die üblichen Medikamente ab. Sie wollen nichts *Materielles* einnehmen oder einreiben, sie sind überreizt von zuviel, zuviel, zuviel... Reift die Zeit, dass wir der Schwingungsmedizin – der Behandlung durch Information – die Chance geben, sich ein Stück weiter zu entwickeln und vor allem bewusster erfahren zu werden? Die Aura-Soma-Essenzen und die Homöopathie sind nur zwei von vielen Varianten aus dem Reich dieser Resonanz-Therapien, die sich von den Eingriffs-Therapien deutlich abheben.

Nun begibt man sich mit der Frage nach der Qualität von Heilung auf ein sehr weites, subjektives Feld von Wahrnehmungen und Erkenntnissen. In früheren Veröffentlichungen vertrat ich den Standpunkt, dass echte und dauerhafte Heilung nur im Inneren des Menschen und nirgendwo anders geschieht. Wahres Gesundwerden bedeutet nicht mehr und nicht weniger, als dass der „innere Arzt" an der wirkenden Oberfläche tätig ist. Das vertrete ich auch heute noch genauso – und dennoch will ich das Bild von damals erweitern und ergänzen, analog der gravierenden Schritte, die wir alle in der kollektiven Menschheitsgeschichte erlebt haben und jeden Tag neu erleben.

Das Wissen um geistige Zusammenhänge nimmt dem Menschen etwas von seiner Angst und Unsicherheit. Je mehr wir von uns selbst wissen, um so überschaubarer und einsehbarer werden die zunächst manchmal komplex erscheinenden Lebenssituationen. Je mehr wir uns an unser ureigenes Potenzial des Mitgestaltens trauen, um so weniger sind wir Spielbälle des Lebens und leiden weniger unter scheinbaren Sachzwängen.

Ich empfinde alle Übergänge als spannend und bin begeistert engagiert, um dieses Neue mit zu erforschen und anzuwenden. Doch auch wenn ein Wandel in der Medizin geschieht, ist es gut, dass es Anästhesisten gibt, die mit gezielten Injektionen die Schmerzwahrnehmung ausschalten können und Chirurgen, die mit sicherer Hand das Skalpell führen. Die Informations- und Schwingungsmedizin ersetzt nicht das schulmedizinische Wissen, sondern schenkt neue Einblicke in das ewige Spiel des Menschen zwischen Krankheit und Gesundheit.

Während die Schulmedizin das *not-wendige* weiß und die Naturheilverfahren das Aufbauende und Regenerierende hinzufügen, breitet sich die Informationsmedizin auf allen Gebieten gleichermaßen aus. Sie findet in der Prävention, in der Psychohygiene, in der Begleitung bei akuten medizinischen Notfällen, in der Betreuung chronischer Krankheiten und im Nachsorgeprogramm ihren Wirkungsraum. Ein weites Feld unzähliger Möglichkeiten öffnet sich – von der Geburt bis zum Tod.

Es führt allerdings kein Weg daran vorbei, welche Schwingung oder Information auch wirkt, sich mit dem wahren Heilmittel und dem wirklich Krankmachenden auseinanderzusetzen. Das ist einerseits die Liebe und andererseits die Angst – jeweils in unzähligen Facetten.

Ist nun der Geist die stärkste Medizin? Oder ist die Liebe das Allheilmittel? Solche Fragen werden nur im Kontext klarer werden. Ein Buch enthält ein *konserviertes* Wissen. Es ersetzt in keiner Weise eigene Erfahrungen. Das Lesen einer Menü-Karte im Restaurant ersetzt ja auch nicht das Essen und das Verdauen der Speisen. Erst im Alltag wird Wissen individuell *in der eigenen Sprache und Übersetzung lebendig,* und zwar aufgrund persönlicher Prägungen und Erfahrungen, die nur im Individuum so erlebt und empfunden werden können.

Ein Ausflug in die Physik

Wenn wir uns mit Schwingungen, Informationen und ihren Trägern beschäftigen, kommen wir nicht umhin, uns Materie und Nicht-Materie, als ein anderer Begriff für Feinstofflichkeit, anzuschauen. Materie ist zunächst das, was wir sehen, berühren und schmecken können. Doch alles, was uns als Materie erscheint, hat ein energetisches Umfeld, eine Aura. Alles, was ist, besteht aus feinstofflichen Grundlagen, auch wenn wir das mit unseren Sinnen bisher nicht wahrzunehmen gelernt haben.

Im Zusammenhang mit Materie und im erweiterten Sinn auch mit „Nicht-Materie" fällt häufig der Begriff der *Kraft,* welcher in der modernen Physik generell durch *Wechselwirkung* ersetzt wird. Man kennt die Gravitation als erste Kraft- oder Wechselwirkungsweise, die uns aus dem Alltag, man denke an Newtons berühmten Apfel, bekannte Schwerkraft. Die elektromagnetischen Wechselwirkungen (zweite Kraftart) sind uns ebenfalls aus dem Alltag bekannt. Die dritte Art, die so genannte *schwache* Wechselwirkung, verursacht die radioaktiven Zerfälle und ist bedeutsam für die Prozesse, die sich im Inneren der Sonne abspielen. Man beachte den Ausdruck *schwach*. Die vierte Art der Kraft ist die *starke* Wechselwirkung, die nur im Atomkern wirkt. Dennoch ist sie entscheidend für unsere Existenz, denn sie überwindet die gewaltigen elektrischen Abstoßungskräfte, die aufgrund gleicher Ladungen zwischen den Protonen im Atomkern wirken. Sie hält so die Kernbausteine – und somit uns – zusammen. Möglicherweise existieren noch weitere unentdeckte Kräfte, doch die Suche nach einer fünften blieb bisher ohne Erfolg.

Was Sie jetzt hier lesen, ist sehr wesentlich für das weitere Verständnis von Schwingungsmedizin. Gestatten Sie mir daher noch minimale physikalische Erklärungen, die die wirkenden „Kräfte" verdeutlichen. Das Problem an der Gravitation ist ihre Nachweisbarkeit, da sie viele Zehnerpotenzen schwächer ist als alle anderen fundamentalen Kräfte der Natur. Das klingt absurd, weil wir alle täglich die Erfahrung machen, dass uns die Schwerkraft am Boden hält. In der Quantenwelt dagegen, verstößt so manches gegen unseren gesunden Menschenverstand. Die Wechselwirkungen und Kräfte *in uns* sind so viel größer und mächtiger als die Kräfte, die Sterne und Galaxien zusammenhalten! Dies gilt es sich zu verdeutlichen: Wir, als Mensch, und auch alles andere Geschaffene, enthalten in jedem Atom unserer Zellkerne die allerstärksten Kräfte. Deren Zusammenwirken auf *dichtem* Raum gestaltet unser Sein. Es entzieht sich unserer Vorstellungskraft, in welchem Maß sich die Frequenzen jener Teile überlagern und verstärken, beziehungsweise sich schwächen und löschen – oder welche Interaktionen es zwischen Verstärkung und Vernichtung gibt.

Ich erinnere an das kleine Märchen, in dem vor langer Zeit die Götter bestimmen sollten, wohin sie die größte Kraft des Universums verstecken könnten, damit sie der Mensch nicht fände, bevor er reif genug sei, sie zu handhaben. Nachdem man davon abkam, sie auf dem höchsten Berg oder im tiefsten Ozean zu verstecken – weil sie der Mensch dort zu früh aufspüren würde –, versteckte man sie im Innersten des Menschen selbst. Er würde sich nur durch seine Reife nach innen wenden und sie erst dann finden. Das Geschenk an den Menschen, im Bewusst-Sein zu erkennen und zu leben, findet jetzt allmählich mit diesem *neuen* Erkennen wunderbare Wege des Erforschens und Anwendens.

Es ist eine spannende Forschungsreise, sich klarzumachen, dass der größte Teil eines Atoms *leer* ist, also nichts Materielles mehr vorhanden ist, sondern nur das Kraftfeld, Energie und Spannung. Der Durchmesser eines Atomkerns ist etwa einhunderttausend Mal kleiner als der Durchmesser des Atoms. Wenn wir uns einen Atomkern in fünf Zentimeter Größe vorstellen, dann wäre das dazugehörige Atom fünf Kilometer im Durchmesser!

Das ehrfürchtige Staunen geht weiter, wenn man liest, dass jedes Teilchen auch noch einen Partner besitzt, das so genannte Anti-Teilchen. So ist zum Beispiel das Positron das Anti-Teilchen zu einem Elektron, es hat die gleiche Masse, wenn man von Masse überhaupt noch reden kann, weist aber die genau entgegengesetzte Ladung auf. Das Besondere an dieser Paar-Beziehung ist, dass sich Materie und Antimaterie gegenseitig auslöschen können, wenn sie denn zusammenkommen, um dabei reine Energie zu erzeugen.

Richten wir den Blick noch kurz zu den *Strings,* die vielleicht die Verständnislücke füllen können. Alle Teilchen sind Strings, also eine Art schwingender Saiten (englisch: *string*). Anders formuliert: Die Elementarteilchen sind nicht eine punktförmige Masse, sondern winzige, schwingende, geschlossene oder auch offene Fäden. Am ehesten vielleicht vorstellbar wie eine schwingende Gitarrensaite. Solche verschiedenen Schwingungszustände der Strings können *gleichzeitig* am gleichen Ort sein. Hier gibt es kein *entweder oder* mehr, sondern ein *sowohl als auch*. Alles geschieht gleichzeitig. Solche überlappenden Schwingungsschlaufen bilden Atome, diese wiederum die Moleküle, bis hinein in die dichte Materie. Die Schwingungsmuster dieser Strings bestimmen also die Beschaffenheit unserer Materie. Es gibt *nichts,* was nicht aus diesen Energiefäden besteht. Es gibt nichts Materielles, was nicht aus Energie und Schwingung besteht.

Die Superstring-Theorie wiederum wirft weitere wichtige, bisher unbeantwortete Fragen auf. Dazu gehören mathematische Probleme, aber auch die Messbarkeit, denn Strings entziehen sich noch der wissenschaftlichen Überprüfbarkeit. Ein Detektor müsste unvorstellbare Energien aufbringen, um sie nachzuweisen. Deshalb ist die Theorie umstritten, und international wird eifrig nach Beweisen geforscht. Eine wichtige Rolle spielen dabei die Raumdimensionen, denn die String-Theorie setzt zumindest *sechs* Raumdimensionen mehr an als die drei, mit denen wir vertraut sind. In der Theorie sind diese Raumdimensionen allerdings schier unvorstellbar klein und in sich zusammengerollt. Unsere dreidimensionale Wirklichkeit hatte ihre erste Erweiterung durch Einstein erfahren, der sie um die vierte Dimension der *Raumzeit* ergänzte. Heute spricht man bereits von elf Dimensionen – von zehn Dimensionen des Raumes und einer der Zeit.

Um diese Ideen einfach zu erklären, dient vielleicht ein Vergleich. Betrachten wir einen Gartenschlauch aus der Nähe. Eine Ameise schreitet zur Erkundung, und die Oberfläche des Schlauches erscheint ihr dabei wie eine zweidimensionale Fläche. So kann sie von einem Ende zum anderen krabbeln, aber auch senkrecht dazu im Kreis laufen. Da sie in dieser Richtung irgendwann wieder an ihren Ausgangspunkt zurückkehrt, sagt man, die zweite Dimension sei aufgerollt. Aus diesem Grund erkennt man sie nicht aus großem Abstand. Für einen Riesen ist der Gartenschlauch eine eindimensionale Linie.

Ähnliches gilt für die Erde. Wir Menschen leben auf ihrer zweidimensionalen Oberfläche. Es gibt Westen-Osten und Norden-Süden. Diese beiden Dimensionen sind zu einer Kugel gerollt. Und dies ist der Grund, weshalb die zweidimensionale Fläche außerirdischen Astronomen als null-dimensionaler Punkt erscheint. Auch die sieben zusätzlichen Dimensionen der String-Theorie sind aufgerollt. Nicht so übersichtlich kompakt allerdings, wie es beim Gartenschlauch und der Erde der Fall ist. Das Ergebnis muss man sich eher wie ein wild zusammengeknülltes Papier vorstellen. So winzig, dass menschliche Riesen nicht in der Lage sind, sie zu erkennen. Strings sind jedoch so klein, dass sie mit positiven Wahrscheinlichkeiten in diesen Extra-Dimensionen schwingen können und damit die Welt um uns erschaffen.

Soweit die physikalische Exkursion. Erinnern wir uns daran, dass die *Arche Noah* von einfachen Leuten gebaut wurde und funktionierte, die *Titanic* dagegen von Fachleuten. Die innere Anleitung von Noah und die äußere Anleitung von auf neuestem wissenschaftlichen Stand ausgebildeten Ingenieuren könnten uns nachdenklich stimmen. Oder schauen wir uns eine Hummel an, die sich auf einer Blüte niederlässt, eifrig Nektar schlürft, dann ihre Flügel ausbreitet und weiterfliegt – sie hat noch nicht davon gehört, dass sie laut Physik wegen ihres Körperbaus und der Beschaffenheit ihrer Flügel gar nicht fliegen könnte – sie aber summt einfach weiter. Wie wenig Lärm machen die wirklichen Wunder! Wie einfach sind die wesentlichen Ereignisse.

Erinnern, was sein könnte

Was wäre, wenn wir uns wieder daran erinnern, welche Kräfte und Wechselwirkungen unser eigenes Gut sind? Was geschähe, wenn wir uns wieder erschließen würden, was wir aus Angst, Zweifel und Missbrauch verschlossen haben? Was könnte geschehen, wenn wir das Vertrauen in uns selbst größer schrieben als das Vertrauen in äußere Autoritäten? Was entwickelte sich (wieder), wenn wir unsere Potenziale der stärksten Wechselwirkungskräfte in uns neu nutzen könnten?

Noch fehlt es an Vertrauen, immer wieder fehlt es uns an Vertrauen, uns selbst anzuerkennen, als das, was wir sind. Allmählich scheinen wir uns zu erschließen, wozu wir fähig sein könnten. Was kann uns passieren, wenn wir es für möglich hielten, unsere Sichtweise der Dinge zu erweitern? Welche Welt erleben wir, wenn wir etwas verneinen, weil es noch nicht erklärbar ist? Richtig und falsch, möglich und unmöglich, kollektiv und individuell – Begriffe, deren Konturen sich verwischen. Was hält uns ab, uns dem bisher Unmöglichen zu stellen und einfach die ersten Schritte zu gehen, in eine Offenheit, in das Neue oder auch nur das „verdeckte Alte". Eigene Erfahrungen, wie es uns damit geht, sind wunderbare Puzzle-Teile für das große Puzzle unserer lebendigen Existenz. Seneca formulierte einst den Satz: „Den, der willig ist, können die Schicksalsgöttinnen führen, den Unwilligen schleifen sie." Besteht unsere Freiheit nicht gerade darin, ob wir unseren vorgegebenen Weg aufrecht oder hingeschleppt gehen? Noch nie zuvor hatten wir eine solche Fülle von Möglichkeiten – ebenso wie Risiken – um unseren eigenen Rahmenvertrag mit Leben zu erfüllen.

Das Mysterium der Heilung

Der Schlüssel zur Heilung ist immer der gleiche – die heilenden Kräfte beginnen sich zu entfalten, wenn der Mensch seine Probleme bewältigt und innere Ruhe findet. Die heilenden Kräfte können auf verschiedene Arten ausgelöst werden, manchmal geschieht das ganz von allein, manchmal durch eine farbige Essenz oder ein homöopathisches Mittel. Auch die Psychotherapie ist eine Möglichkeit, sich aus den inneren Verstrickungen zu lösen und die seelischen wie körperlichen Selbstheilungskräfte in Gang zu setzen.

Wenn wir uns in den Finger schneiden, heilt der kleine Schnitt von selbst, was etwas mit unseren Selbstheilungskräften zu tun hat. Vielleicht machen wir uns viel zu selten klar, dass unser Gehirn in erster Linie die Aufgabe hat, unseren Körper gesund zu erhalten. Das Gehirn ist erst „in zweiter Instanz" zum Denken da. Das Denken könnte man auch einen „Luxus" nennen, den wir Menschen uns leisten, und sind überrascht, dass ein Schmerz uns total aus unserem Planen und Handeln herauskatapultiert. Deshalb ist das Gehirn auch in bestimmten Zentren ständig damit beschäftigt, innere Prozesse zu kontrollieren, zu lenken und zu steuern und immer wieder dafür zu sorgen, dass ein Gleichgewicht hergestellt werden kann, das wir dann Gesundheit nennen. Selbstheilungskräfte sind die ureigensten Eigenschaften des Menschen.

Heilung heißt nicht nur, dass ein Symptom verschwindet – Schmerzfreiheit ist ein wichtiges „Nebenprodukt", und manchmal auch für Menschen das zunächst wesentliche. Aber das Symptom kann verschwinden und an anderer Stelle oder in einer anderen Form wiederkommen. Wichtig bei einer Heilung ist, dass die gestörte Ordnung – und damit ist immer eine innere Ordnung im Verhältnis zu einer äußeren Ordnung gemeint – eine Neuorientierung erfährt. Es gibt Menschen, die eine schwere Krankheit durchlebt und überlebt, womöglich ein Organ „verloren" haben und sich nun, in einer neuen Ordnung, geheilt fühlen. Diese Menschen haben Wege gefunden, die ihnen geholfen haben – und auch das ist Selbstheilung. Wir haben sehr viel von der Natur aus mitbekommen, das kein Arzt/Therapeut bereitstellen könnte. Die Selbstheilungskräfte können durch Vertrauen, unseren Geist und nicht zuletzt durch unsere Liebe am ehesten gefördert werden. Erst dann kommen „in zweiter Instanz" unterstützende Möglichkeiten über Homöopathie und/oder Aura-Soma oder andere stärkende und bewusstseinserweiternde Maßnahmen.

Aus der Sicht der Hirnforscher sind Selbstheilungskräfte natürliche Regulationsprozesse, die vom Gehirn aus gesteuert werden. In den tieferliegenden Bereichen des Gehirns, im Hypothalamus und im limbischen System, befinden sich Zentren, die alle großen Regelsysteme des Körpers steuern, wie das Hormonsystem, das Immunsystem, das Herz-Kreislauf-System oder auch das vegetative Nervensystem. Selbstheilung besteht darin, dass man diese Regelkreise im Gehirn das tun lässt, wofür sie geschaffen sind, nämlich die Selbstheilungskräfte zu mobilisieren und sie nicht medikamentös zu unterdrücken oder in ihrer Arbeit zu stören. Wenn über längere Zeit Störungen solcher Art stattfinden und immer wieder diese natürlich und autonom funktionierenden Systeme durch starke Unruhe gehindert werden, dann passen sie sich gewissermaßen an diese Störung an. Wir haben dann eine verschobene innere Balance, mit dem Ergebnis, dass sich auch chronische körperliche Symptome einstellen.

Das, was in einem Menschen die innere Ordnung wiederherstellt und was dem Einzelnen hilft, heilende Kräfte zu entwickeln, kann sehr verschieden sein. Menschen, die Heilung erfahren haben, erzählen häufig, dass es für sie richtig war, *der inneren Weisheit ihres Körpers* zu lauschen. Dies kann bedeuten, dass sie etwas umsetzten, was sie schon immer zu tun vorhatten – weil nämlich genau das Heilung ist – so zu sein und zu leben, wie sie es im Inneren schon immer wollten und konnten. Wenn Menschen sich nach innen wenden, dann kann es erstaunliche Lösungen geben. Wissenschaftliche Studien haben gezeigt, dass dies einfacher und leichter ging, wenn eine Glaubensbereitschaft gelebt wurde. Menschen, die selbst beteten oder für die gebetet wurde – ich erinnere an die morphischen Kraftfelder – waren insgesamt entspannter und offener für eine Umkehr. Entscheidend ist, welchen Sinn ein Mensch seiner Erkrankung abgewinnt und welche Konsequenzen er daraus zieht. Auch wenn Menschen ihren Glauben auf den Arzt projizierten – so war es doch das Vertrauen *im Patienten selbst,* das wirkte. Albert Schweitzer formulierte einst: „Jeder Mensch trägt seinen eigenen inneren Arzt in sich. Sie kommen zu uns, ohne diese Wahrheit zu kennen. Wir sind dann am erfolgreichsten, wenn wir dem Arzt, der in jedem Patienten steckt, die Chance geben, in Funktion zu treten."

Gehirnforscher haben festgestellt, dass wir, wenn wir bildhaft denken, also wenn wir eine Vorstellung, ein Bild, eine Vision von etwas oder unserem Weg der Heilung haben, werden viel mehr Areale des Gehirns aktivieren, sowohl auf der linken als auch auf der rechten Gehirnseite.

Man sollte bei sich selbst genau hinschauen, wie man Heilung definiert. Es geht um weit mehr als um Schmerzfreiheit oder das Fehlen irgendwelcher Symptome. Es ist auch Heilung, wenn jemand eine Behinderung in seinen Lebensalltag integriert und eine für sich und andere beglückende Lebensgestaltung lebt. Es ist hilfreich, sich immer wieder einmal ein der neuen Sichtweise angepasstes Bild vor Augen zu führen.

Keine Therapie der Welt, weder Aura-Soma-Essenzen noch Homöopathie, und kein Therapeut der Welt kann eine Heilung gegen den Willen eines Menschen einleiten. Im Gegenteil – die Heilung besteht eigentlich immer nur darin, dass der Kranke lernt, wieder einen eigenen Willen zu bekommen, dass er sich und sein Leben erkennen, benennen und sich an seinen Zielen orientierend freuen kann. Heilung gelingt, wenn er das Vertrauen aufbringt, den eigenen Wunsch gegen den Widerstand seiner Angst zu äußern. Heilung ist gelungen, wenn er sich buchstäblich wieder zu seinen eigenen Augen und zu seiner eigenen Entschlussfähigkeit bekennt.

Wie viele Menschen gibt es, die niemals in ihrem Leben – oder nur bedingt – so etwas wie Geborgenheit und Zuversicht haben lernen können, und die sich statt dessen an den Gedanken des Leidertragens gewöhnt haben. Wenn solche Menschen vielleicht in einem Zeitraum von Jahren, mittels sanfter Resonanztherapien, wieder Vertrauen zu sich selbst, zu einer gewissen Dankbarkeit gegenüber dem Dasein und zu einer gewissen Zärtlichkeit gegenüber sich selbst finden, dann ist das ein großer Erfolg. Dankbarkeit ist die Wachsamkeit der Seele gegenüber der Kraft der Zerstörung; und Zerstörung lauert überall. Furcht und Sorgen entstehen aus der Angst zu verlieren. Und es gibt dafür genügend Gründe in unserer Zeit. Mangelndes Vertrauen und die große Palette von Ängsten sowie unser zweifelhafter Glaube an uns selbst sind vielfältige Wurzeln von Krankheiten verschiedenster Arten. Gerade hier finden Resonanzmethoden ein breites Spektrum des Wirkens.

Jede Not und jede Angst ist individuell. Eine jede verlangt nach einer individuellen Antwort – und in jedem Einzelfall steht die Möglichkeit des Vertrauens gegen die Angst von neuem auf dem Spiel. Umgekehrt bedeutet jede Heilung für sich in all ihren Details etwas Wunderbares, und es gibt vom Wunderbaren keine Verallgemeinerung. Das Wunder der Heilung ist praktisch gelebter Glaube (an sich selbst!), und es ist immer eine Wahl der ganzen oder gesamten Existenz mit allen Facetten. Vor diesem Hintergrund werden die Aura-Soma-Essenzen und die Wesen der homöopathischen Mittel nicht ohne Beschreibungen von Begriffen wie Angst und Liebe oder Glaube und Zweifel genannt werden können.

Heilt der Geist den Körper?

Dafür würde eine Studie aus China sprechen, in der tausende von Menschen ihr Wohlbefinden und ihre Genesung beobachteten, indem sie zusätzlich zu ihren Medikamenten eine Qi-Gong-Technik praktizierten. Medikamente schlugen besser an, konnten minimiert werden, und das allgemeine Glücksgefühl, auch bei schweren Erkrankungen, verbesserte sich signifikant. Das Lebensgefühl der Menschen stieg also, wenn regelmäßig eine geistige Kontrolle der Gefühle erfolgte, in die auch körperliche Prozesse mit einbezogen wurden.

Nahezu jeder kennt aus Erfahrung, dass er nicht krank wurde, etwa beim Anrollen einer Erkältungswelle, wenn er die Krankheit überhaupt nicht brauchen konnte, und es schaffte, sie mit geistiger Willenskraft abzuwehren. Und man kennt ebenso das niederschmetternde Gefühl, wenn man meint, das Prinzip verstanden zu haben, aber bei der nächsten Krankheitswelle versagt die Kraft. Was war dann anders? Welche Faktoren spielen eine Rolle, wenn man geistig in seine Gesunderhaltung eingreifen möchte?

Positive Gedanken, Informationen aus homöopathischen Mitteln, Impulse über Farben und Gerüche oder eine neue Ausrichtung – all das sind Werkzeuge, durch deren Anwendung Bewusstwerdungsprozesse eingeleitet oder begleitet werden können. Es sind Katalysatoren, welche die Selbstheilungskräfte zu aktivieren vermögen. Wenn ich auf meinem Computer ein neues Programm installiere, bedarf es dazu einer CD-Rom als Trägersubstanz; die Information selbst ist nicht sichtbar, aber vom Computer ablesbar – und das hat nach Drücken der *Enter*-Taste Folgen.

Gegenwärtig reift die Bereitschaft im Menschen, sein Bild der Medizin zu erweitern. Wurden früher in Röntgenaufnahmen und Computertomographien noch Strahlen in den Körper gesendet und das ausgewertet, was reflektiert wurde, so wird heute in der Kernspintomographie das ausgewertet, was die Körperzellen aufgrund ihres *eigenen* Magnetismus aussenden. Diagnostische und therapeutische Verfahren werden mehr und mehr differenziert und verfeinert, bis hin zur Gentechnologie. Das staunende Erforschen und nutzbringende Anwenden einerseits und die Manipulation bis hin zum Übertritt jeglicher moralischer Grenzen andererseits stehen sich dabei gegenüber.

Bei jeder Anwendung von Medizin sollte man sich klar sein, was man tut. Zwischen gesundem *fordern, fördern und überfordern* liegen oft nur kleine Schritte – zumal es sehr individuelle Feinheiten zu akzeptieren gilt. Je tiefer man sich in die Schwingungsmedizin hinein begibt, um so weniger findet man Normen. Das richtige Maß zu finden, war, ist und wird immer die Kunst sein.

Ist die reine Liebe das höchste Arzneimittel?

Es war Paracelsus, der lehrte, dass die reine Liebe das höchste Arzneimittel sei. Liebe ist das, was uns gesund sein lässt. Liebe ist das, was uns heil macht. Weil es oft unser dringlichster Wunsch ist, geliebt zu werden, werden wir in den verschiedensten Variationen *krank*. Widerstände gegen die Liebe verursachen Schmerzen. Diese Sätze mögen aufhorchen lassen.

Wenn wir sie auch nur in Teilen für nicht stimmig halten, betrügen wir uns um die Wahrheit. Wir alle, davon bin ich zutiefst überzeugt, kennen das Allheilmittel. Es ist die Liebe in ihrer reinsten Form.

Nun ist aber LIEBE ein sehr gebrauchter, oft missbrauchter Begriff. Wie definieren wir Liebe? Jedes Magazin versucht zu diktieren, was Liebe ist, in jedem Film wird uns eine Facette vorgezeigt, von den romantischen Seifenopern bis hin zum Soldaten, der aus Vaterlandsliebe tötet. Liebe mag die endgültige und heilende Lösung aller menschlichen Schwierigkeiten, Probleme und Qualen sein – aber wie finden wir heraus, was Liebe ist? Heilt die *menschliche* Liebe mit all ihren Unzulänglichkeiten? Heilt nur die *göttliche* Liebe? Was ist heilsam an der Liebe, die das Glücklichsein festhalten und sichern will und in der bindende Wünsche auftauchen?

Wo Liebe ist, kann Leid nicht sein

Dies lehrte einst Krishnamurti. Auch im Johannes-Evangelium heißt es: „Völlige Liebe treibt die Furcht aus." (1. Joh. 4,18) Wer also gerade trauert und voller Kummer und Leid ist, liebt der dann nicht mehr und ist nur noch mit Selbstmitleid beschäftigt? Der werfe den ersten Stein, der frei von solchen Gefühlen sein kann, der frei von Eifersucht oder Herrschsucht ist. Womöglich ist es unser lebenslanger Weg, die verschiedensten Qualitäten der Liebe kennen zu lernen. Vielleicht erkennen wir, dass Liebe eben nicht nur ein Gefühl ist, sondern eine Dimension, die man nicht willentlich betreten kann. Liebe ist ein Bewusstsein, das nicht durch Anleitung und Praxis herbeigeführt werden kann. Sie ist ein Geschenk. In ihr kann man *sein*. Liebe gehorcht nicht und ist eine immer lebendige Gegenwart. In der Liebe gibt es weder Wertschätzung noch Geringschätzung.

Im Kraftfeld der Liebe

„Der Mensch von morgen wird ein Liebender sein, oder er wird nicht mehr sein", sagt Christine Kessler in ihrem Buch „Amo ergo sum". Die Sehnsucht nach Liebe und nach der Vollkommenheit ist universell. Sie ist der Urimpuls eines jeden Menschen. Sie ist jene Energie, die ihn in seiner Entwicklung vorantreibt und Gesundheit und geistiges Wachstum überhaupt erst ermöglicht. Liebe war und ist die stärkste Macht der Menschheit. Liebe verwandelt und lässt wachsen, bis wir heil und wirklich ganz geworden sind. Ganz oder heil im Sinne von vollkommen und vollständig. Es gibt keine stärkere Macht als die der Liebe – ebenso wenig wie es keinen Sieg jenseits der Liebe gibt. Liebe ist die einzige Kraft, die die Welt verändern wird.

Das Mysterium der Heilung liegt demnach allein in der Liebe begründet. Hier werden normalerweise die vielen Einwände vorgebracht. Ist der Knieschmerz, der nach einer Sportverletzung geblieben ist, mangelnde Liebe? Die Krankheitsursachen, die durch die elterlichen Gene und konstitutionell bedingt sind oder die modernen Zivilisationskrankheiten, was haben sie mit reiner Liebe zu tun?

Die technische Medizin konnte dank der Weiterentwicklung oft Leben retten, beziehungsweise seine Qualität verbessern – aber sie wird nie heilen können. Sie wird immer ihren berechtigten Platz in der Diagnostik und Notfallmedizin bewahren; aber weder das Skalpell noch eine hochtechnisierte Behandlung an einem Apparat werden heilen. Auch der Behandler selbst, ob ein ausgebildeter Arzt, ein fachkundiger Heilpraktiker oder ein seelischer Betreuer, kann in seiner mitfühlenden Begleitung den Hilfesuchenden nur darin unterstützen, den individuellen Heilungsweg nach innen zu gehen.

Jede Form von Arznei, ob pflanzlich, tierisch, mineralisch oder energetisch, jede Form von Therapie ist nur ein Mittel oder Werkzeug, dessen sich die Behandler bedienen, *um Liebe zuzuführen*. Liebe ist es, was heilen wird. Nur die Liebe kann unsere ureigenen Selbstheilungskräfte aktivieren. Unsere Bewusstwerdung zeigt sich darin, dass wir wissen, was wir tun. Manipulationen, Ablehnungen, Verdrängungen oder Bestrafungen können die inneren Heilungskräfte nicht stärken. Heilen bedeutet, einen Menschen in die Gesundheit hineinzulieben. Jede heilende Therapie hat mit Liebe zu tun und auch mit der Angst vor der Liebe; denn Liebe bedeutet Vergebung, Entwicklung und manchmal unbequemen Wandel.

Die wachsende reine Liebe im Menschen ist es, die heilen kann. Wenn wir uns *erinnern* und die Rückverbindung zur schöpferischen Urquelle zulassen, dann und nur dann schwingen wir in jenem heilsamen Kraftfeld. Wenn wir dieser Vernetzung vertrauen und unser Wollen und Wünschen loslassen können, dann sind wir auf guten Wegen.

Das Feld der Heilung war, ist und wird sein. Die Liebe ist die bindende Kraft zwischen Vergangenheit, Gegenwart und Zukunft, ebenso wie zwischen innen und außen, zwischen oben und unten. Wie im Kleinen so im Großen. Wenn wir der geistigen Führung folgen, werden wir automatisch nach innen geleitet, zu unserem inneren, tiefsten, wahren Selbst, wo es keine Trennung, keine Sehnsucht, keinen Schmerz gibt – denn hier sind wir an der Quelle der Wahrheit. Liebe schafft die tragende Brücke zwischen Materie und Feinstofflichkeit, zwischen Innen und Außen, zwischen dem Menschen und der Welt, zwischen den Bedürfnissen des Einzelnen und den Bedürfnissen des Ganzen. Somit wird deutlich, dass ein Mensch nicht allein gesund werden kann – seine Gesundung zieht durch seine Vernetzung mit allem Leben andere und anderes mit sich. Genauso wie ein Mensch nicht allein krank bleiben kann, denn das morphische Feld der Balance und Heilung wirkt in beide Richtungen. Was ist wirklich kollektiv, und wo stecken wir in individuellen Entwicklungsphasen?

Liebe ist ein Bewusstseinszustand und zugleich eine Lebenspraxis. Die Liebe in ihrer höchsten Form hat nichts mit naiver Gefühlsduselei zu tun und stellt auch keine Forderungen an andere. Liebe bedeutet Vereinigung. Manchmal wird Vereinigung mit Vereinnahmung verwechselt, unter anderem auch von Behandlern, die noch mit dem Helfer-Virus infiziert sind. Diese Vereinigung ist es, die viele Menschen in aller Konsequenz vermeiden wollen. Die ursprüngliche Bedeutung des Heilens zielt auf Ganzwerden. Die schattigen Anteile des eigenen Menschseins müssen integriert und liebevoll angenommen werden. Liebe bewertet nicht, sie verurteilt nicht, sondern vereint Gegensätzliches.

Alle, die Therapeuten genauso wie die Patienten und jene Menschen, die anderen *helfen* wollen, können immer wieder klären, ob sie nicht doch *zwangsbeglücken* wollen. Wer zu sehr helfen will, nimmt dem anderen das Glücksempfinden, es allein geschafft zu haben, und bringt ihn eher in eine Form der Abhängigkeit. *Alles wahre Wissen kommt allein aus unserem Inneren, in der stillen Kommunikation mit der Seele.* In vielen Menschen geschieht diese heilende Kommunikation ganz ohne willentliches Zutun im Einklang mit dem innersten Wesenskern. Ist man erst einmal aus der Harmonie in eine Krankheit geraten, mag es wie ein *Wendepunkt* oder eine *Umkehr* mit einer bewussten Hinwendung zum Höheren Selbst sein, die wieder gesunden lässt. Die kraftvollsten Heiler befinden sich in uns selbst. Sanfte Naturheilverfahren, die mit Resonanz, Schwingungen und Informationen unterstützen, wie sie im Folgenden beschrieben werden, sind *nur Brücken zu uns selbst*. Wenn wir diese Brücken vertrauensvoll, mit schwindenden Zweifeln und Widerständen überqueren, empfinden wir diesen ersehnten harmonischen Einklang zwischen Körper, Seele und Geist.

Unsere innere Stimme verständigt sich häufig über unsere Intuition in Form von Eingebungen, Impulsen und Wahrnehmungen, die ihren Ursprung nicht in verstandesmäßigem Denken haben. Die Intuition gilt als der gefühlsmäßige, weibliche Anteil, während der Intellekt, die Erkenntnisfähigkeit aus der Vernunft, als der männliche Anteil der Geistkräfte gilt. Wir brauchen beide in gesunder Ausgewogenheit auf unseren Wegen.

Modern gewordene Themen, wie Mobbing, Burn-out-Syndrom oder eingeschränkte Beziehungsfähigkeit durch zuviel „Single-itis", können Chancen bieten, Verhaltensweisen und Reaktionsmöglichkeiten zu überdenken. Nicht immer ist das Gegen-etwas-Ankämpfen die individuell sinnvolle Lösung. Die Integration erkannter Zusammenhänge ist die heilsamere Wahl – wenngleich der Weg dorthin Disziplin ebenso wie Humor erfordert. Nicht Kampf ist die Lösung, sondern Integration.

Ich weiß, dass diese Beschreibung sehr vereinfacht klingt. Ich übe täglich mit mir selbst und in Begleitung mit anderen Menschen das ewige Spiel des Integrierens. Ich bemühe mich, nicht belehrend zu wirken. In der Natur ist es so, dass kein Baum den anderen lehrt, wie er wachsen soll, nur die Welt ist voller Propheten und Lehrer – sagt eine alte Weisheit. Ich hoffe, ich habe begriffen, dass ich das Wissen und die Erfahrungen andere Menschen lehre, die ich selbst zu lernen habe. Das ist paradox, aber die Wahrheiten zeigen sich sehr oft in gegensätzlichen Sichtweisen.

Umkehr ist ein Schlüssel zur Heilung

Mit dieser Umkehr ist *die Umkehr der Achtsamkeit nach innen* gemeint, die Aufmerksamkeit und Konzentration auf das *für* anstatt auf das *gegen* zu richten. Achtsamkeit ist sicherlich eine erste Stufe oder Ebene, denn die Qualität der Konzentration klingt ebenfalls noch nach aktiver Anstrengung und dem Erbringen einer Leistung. Das wirklich Heilsame ist dann das *Gewahr-sein*, was ohne ein willentliches Zutun einfach geschieht. Dieser Weg nach innen, des Gewahr-werdens des Inneren, versinnbildlicht auch, dass niemand in der Außenwelt etwas dazu tun kann, sondern Entwicklung nur in uns selbst möglich ist. Die Eigenverantwortung abzugeben, beziehungsweise aufzugeben, bedeutet, sich selbst aufzugeben.

Die Umkehr zur eigenen inneren Ur-Kraft, zur Quelle der Liebe in uns selbst, ist der Schlüssel zur Heilung. Die Anbindung an das Kraftfeld der Liebe, an die heilsame Vernetzung, geschieht dann im Loslassen, eine Art der Passivität, die nicht negativ ist, sondern die Gewissheit schenkt, dass durch diese Kräfte ohne mein Zutun etwas gedeihen kann. Ich muss nichts dafür tun, kann einfach nur sein. Sich wieder vernetzt zu fühlen, ist auch der Schlüssel zu allen Variationen von Ängsten, die in diesem Zusammenhang auftreten. Eine Weisheit, von Christian Morgenstern formuliert, sagt: „Angst klopfte an die Tür, Vertrauen öffnete – und niemand war da."

Wählen, nicht urteilen

Im Kontakt mit dem inneren und äußeren Gewahrsein können wir uns im alltäglichen Leben üben, eine Wahl zu treffen und in Entschiedenheit die Verantwortung dafür zu übernehmen. In diesem Geschehen brauchen wir uns weder zu sehr in der Vergangenheit zu orientieren noch in der Zukunft. Dabei ist es gut, die Aufmerksamkeit auf das *Wählen* zu legen und nicht auf das *Beurteilen* oder auf das *Verurteilen* dessen, was wir nicht gewählt haben.

Ich wählte sehr bewusst das Wort *üben*, weil das Leben nach meiner Wahrnehmung ein ständiges Üben in Entscheidungen ist. Das Üben ist ein Praktizieren, denn wir „üben" das Leben nicht am Schreibtisch des Lebens, sondern jede Entscheidung will gelebt werden. Es entwickelt sich etwas anderes oder hat andere Folgen, wenn wir aus der Absicht heraus, Fehler zu vermeiden, keine Entscheidungen und Wahlen treffen. Damit geraten wir aus der Angst heraus mehr und mehr in den Stillstand, keine Fehler machen zu wollen – doch das Leben ist Fluss, Bewegung und Veränderung. Zu jeder Wahl gehört es unabdinglich dazu, dass ein Teil angenommen wird und ein anderer nicht – Trennung also, wo doch im Heilwerden immer von der vereinenden Liebe gesprochen wird. Wieder ein Paradox, wieder ein Körnchen Wahrheit. Solange wir auf dieser Erde leben, begegnen wir andauernd diesen Gegensätzen.

Es ist das Ziel, diese verschiedenen Anteile eins werden zu lassen, sie zu vereinen. Es ist der Auftrag, den jeder Mensch in irgendeiner Facette in sich trägt, seine eigenen *vermeintlichen* Schattenanteile ebenso wie die eigenen Lichtanteile zu lieben. Die Entscheidungen und Trennungen gehören zu unserem Alltag genauso dazu wie Vereinigung und Integration. Die reine Liebe ist es, durch die wir uns selbst erlösen, nur in geringem Maße unser Denken und der Verstand. Die Erlösung geschieht im täglichen Nicht-verurteilen, im Integrieren von Gegensätzen – und wir sind auf dem Weg dorthin.

Resonanzprinzip und Eingriffsprinzip

Das Herz wird leichter durch Wahrheit und Zärtlichkeit als durch Härte, Strenge oder gar Gewalt lernen. Deshalb kommt den so genannten sanften Heilungsmethoden mehr und mehr Bedeutung zu. Mit Geduld wird Sanftes die Härte besiegen. Das Wasser, von allen Dingen das nachgiebigste, besiegt das härteste aller Dinge, den Stein – so lehrte Lao Tzu.

Wie so oft sind Wahrheiten paradox. Unsere körperlichen Schmerzen, Krankheiten oder Konflikte sind in der Lage, uns zunächst aus der gewohnten Bahn zu werfen, sie können uns also schwach machen. Die verborgene Wahrheit darin ist, dass aus dieser Durchbrechung des Gewohnten und der folgenden Korrektur ein gesünderes oder heilsameres Leben folgen könnte, so dass aus der Schwäche eine Stärke würde.

Wir wählen und gestalten selbst mit, wenn es darum geht, ob wir Schmerzen, Krankheiten und Konflikte als *Eingriffe* des Lebens sehen und gegen sie ankämpfen, oder ob wir es wagen, mit der vermeintlichen Störung in *Resonanz* zu schwingen. Wenn wir mitschwingen, haben wir die damit verbundene Energie nicht gegen uns, sondern vereinen uns mit ihr. Delphine sind uns in dieser Hinsicht große Lehrer. Sie spielen mit den Wellen. Sie wissen genau, dass sie das durch Wind aufgepeitschte Wasser und die hohen Wellen nicht ändern können – sie passen sich an und ändern einfach ihren Schwimmstil. Was uns Delphine lehren, hat nichts mit Feigheit und nichts mit Selbstaufgabe zu tun. Es ist intelligent, als Meerestier mit dem Meer in Resonanz zu schwingen. Übertragen auf uns Menschen, wäre es auch intelligent – oder heilsam –, wenn wir uns als Erdenwesen mit der Erde in Resonanz befänden und mit den Höhen und Tiefen mitschwingen würden, anstatt dagegen anzukämpfen.

Man unterscheidet bei den Heilmethoden zwei Grundprinzipien – das *Eingriffsprinzip* und das *Resonanzprinzip*. Die Begriffe sprechen für sich selbst. Zum Eingriffsprinzip gehören solche Verfahren wie Operationen und Bestrahlungen, wo der Eingriff mit dem Skalpell oder anderen technischen Geräten deutlich wird.

Dazu zählen auch alle Arten chemischer Medikamente, die *gegen* etwas in unserem Organismus wirken sollen, zum Beispiel die ganze Reihe der Anti-Mittel, von Antibiotika – gegen das Leben der Bakterien gerichtete Stoffe, Antihistaminika – gegen die vom Körper hochgepeitschte Histaminbildung im Spiel mit Allergenen, bis zu den Betablockern, die wirklich die Kommunikation der Seele mit dem Körper unterbrechen können. Man fasst alle diese Mittel unter dem Begriff *Allopathie* zusammen. Der Ausdruck *Allopathie* stammt aus der Gründerzeit der Homöopathie, man wollte die *ähnlich* der Krankheit wirkenden Mittel (=homö-pathische) gegenüber denen abgrenzen, die *gegen* die Krankheit gerichtet waren (=allo-pathische). In der wissenschaftlichen Allopathie erkannte man das Bakterium, den Virus oder welchen Erreger auch immer, als den zu bekämpfenden Feind an und griff in den Organismus mit einem dieser vernichtenden Gegenmittel ein. Wenn das zugrundeliegende Terrain nicht ins Gesunde verändert wird, werden dieselben oder ähnliche Erreger bald wieder eine Vermehrungsgrundlage haben.

Außerdem gehört jede Form der Substitution zu den Eingriffsprinzipien, also die medikamentöse und grobstoffliche Zugabe von Tabletten, Spritzen oder Ähnlichem als Ergänzung von außen. Substituiert werden unter anderem Stoffe, die zum

Beispiel nach einer Operation nicht mehr selbst gebildet werden können. Wenn die Schilddrüse herausoperiert wurde, müssen Schilddrüsenhormone eingenommen werden. Wenn aus irgendeinem Grund ein großer Mineralstoffmangel entstanden ist, werden Spurenelemente und Elektrolyte in Tablettenform eingenommen, denn unser Körper könnte sie nicht so schnell aus der Nahrung gewinnen, wie sie im Enzymhaushalt oder im Stoffwechsel der einzelnen Zellen benötigt werden. Ich betone, dass während oder nach bestimmten Krankheiten oder Operationen manche Substitutionen notwendige Maßnahmen sein können. Eingriffsprinzipien gehören oft als Notlösungen zu unserem Dasein dazu, wobei die Resonanzprinzipien als längerfristige Methoden einen körperlichen sowie seelisch-geistigen Zustand ausheilen und inneres Gleichgewicht wieder herstellen können.

In den Resonanztherapien kommt dem *Widerhall* aus dem Individuum eine wesentliche Rolle zu. Zu den Resonanztherapien gehören zum Beispiel jene Methoden, die ich in diesem Buch beschreibe – Homöopathie und Aura-Soma als Farb-, Aroma- und Edelsteintherapie.

Anhand der Farbtherapie lässt sich das Wirkungsprinzip der Resonanz gut verdeutlichen. In alten Schriften, wie etwa im Tibetischen Totenbuch, steht geschrieben, dass der innerste Wesenskern des Menschen Farbe ist. Deshalb reagiert der Mensch in seiner Außenwelt entsprechend seiner inneren Farbe oder seines Konfliktes mit den Farben – er ist in Kommunikation oder Resonanz mit ihnen. Etwas in seinem Inneren äußert einen Widerhall, es kann etwas verstärkt oder gelöscht werden – oder ein Prozess zwischen diesen Extremen kann stattfinden. Die Homöopathie gehört als eine Reizregulations-Therapie auch zu den Resonanztherapien, ich erläutere in einem späteren Kapitel Näheres dazu.

In manchen Fällen ist das auch wirklich eine lebensnotwendige Maßnahme. Es sollten danach dann unbedingt die Wiederaufbaumaßnahmen nicht vergessen werden, um das Terrain zu klären, auf dem sich die Erreger einnisten konnten. Leider wird das allzu häufig vergessen und die zugrunde liegenden wahren Ursachen laden zu neuen Infektionen oder Attacken ein. Bei den Resonanzprinzipien spielt die Resonanz, das miteinander im Einklang sein, eine wesentliche Rolle. Das Gesetz der Resonanz, des Miteinander-in-dem-einen-Bewusstsein-verbunden-seins und Miteinander-kommunizierens, durchwirkt unser gesamtes Universum.

Ganz tief verwurzelte Therapieformen, wie zum Beispiel die Atemtherapie, wirken nach dem Resonanzprinzip – wie einfach zu verstehen ist, wenn Ein- und Ausatmen einander bedingen, wenn sich Fülle und Leere begegnen und Geben und Nehmen im harmonischen Einklang sind.

Mit dem Begriff des Einklangs ist auch die Klangtherapie hervorzuheben. Kann es noch deutlicher werden, als im Beispiel der Töne, die als Schwingung in uns den Widerhall bewusst werden lassen und etwas in uns verstärken oder auflösen. Alles ist Schwingung und gehorcht den Gesetzen der Resonanz. Im Einklang zu sein, bedeutet nicht den Verlust der Identität, schafft doch gerade das Spezielle jedes Einzelnen diese heilsame Vielfalt.

Resonanzmethoden und Eingriffsverfahren werden uns im täglichen Leben auf verschiedenste Art und Weise begegnen. Nehmen wir einen Musiker, der seine Gitarre stimmen will. Er wird weder etwas Stoffliches hinzufügen noch etwas Stoffliches wegnehmen. Allein durch die Veränderung in der Spannung der Saiten wird er sein Musikinstrument stimmen, so lange bis er mit seiner hörenden Wahrnehmung einverstanden ist, im Einklang schwingt. Vielleicht benötigt er auch einmal eine neue Saite, weil die alte riss oder eine Reparatur am Holzkorpus (=Eingriffsprinzip) nötig ist. Bevor er der Gitarre aber eine Melodie entlockt, wird er sie stimmen (=Resonanzprinzip). Geschieht die im übertragenen Sinn nicht auch in unserem täglichen Leben?

Erkennen – benennen – erinnern

Es ist interessant zu erforschen, welche Kraftfelder uns das Leben zur Verfügung stellt und inwieweit wir auf sie aufbauend oder auch störend wirken. Alles steht mit allem in Beziehung, nichts geschieht isoliert. Getrenntheit ist in Wahrheit eine Illusion. Richtig ist auch, dass das Innere immer das Äußere besiegt. Nur wenn wir erkennen, dass das Äußere die Widerspiegelung des Inneren ist, werden wir verstehen, dass alles um uns herum – auch unsere Weltlage – von unserer Art zu denken, zu handeln und mit anderen in Beziehung zu treten abhängt. Erst wenn wir unseren wahren Motivationen auf den Grund gehen, wird sich unsere Beziehung zu uns selbst, zu unseren Mitmenschen und zur ganzen Welt radikal verändern. *Alles, was wir von außen berühren und bewegen, werden wir eines Tages im Inneren berühren und bewegen – und umgekehrt.*

Alles ist Beziehung

Ohne Beziehung gibt es keine Möglichkeit, im Leben zu bestehen. Doch so lange sich Beziehungen auf Macht und Herrschaft gründen, werden sie in krankhafte Isolierung einmünden, die unweigerlich zu Konflikten führt. Es gibt kein Leben in Isolation; kein Volk, kein Mensch, keine Körperzelle kann isoliert leben. Es ist von großer Wichtigkeit, sich selbst in der Beziehung zu anderen Menschen zu verstehen. Dann wird Beziehung kein Prozess der Isolierung sein, sondern eine Bewegung, in der Sie Ihre persönlichen Motive, Gedanken und Bestrebungen verstehen. Allein in dieser Entdeckung liegt der Schlüssel zur Befreiung.

Die Sinne und der Sinn

Oscar Wilde formulierte einst: „Nur die Sinne können die Seele heilen, so wie nur die Seele die Sinne heilen kann.“ Alles in der Einheit von Körper, Geist und Seele ist in Beziehung – und diese Beziehungen kommunizieren auf direktem Wege über unsere Sinnesorgane. Es sind zahlreiche Wortspiele mit dem Begriff des *Sinns* möglich, worin der *Sinn des Lebens* liegt, über *Besinnung* bis hin zu *Sinnesfreuden*.

Es ist kein Zufall, dass in jedem unserer Sinnesorgane über Reflexzonen jeweils das ganze körperliche Geschehen beeinflussbar ist. Es sind die Aura-Soma-Farbessenzen, die über unsere Sinne auch den SINN beeinflussen. In der Homöopathie werden über die Impulsgebung der Lebenskraft die Sinne auf anderem Weg angesprochen.

Sinnesorgane – Türen nach innen und außen

Die Sinnesorgane sind einerseits unsere Antennen, die Meldungen von außen nach innen dem Nervensystem zuleiten, um uns über das Verhalten der uns umgebenden Umwelt zu informieren, und andererseits sind sie Instrumente, um den inneren Impulsen nach außen Ausdruck zu verleihen. Am Beispiel des Auges wird dies deutlich. Wir nehmen Lichtreize von außen nach innen und nennen das Sehen, und wir entnehmen einem bestimmten Augenblick mehr Informationen als eine braune Iris und schöne Wimpern. Die Sinnesorgane arbeiten mit Rezeptoren und Sensoren in zwei unterschiedliche Richtungen, für das äußeren Milieu und für unser eigenes inneres Milieu. Die Rezeptoren der Augen und des Hör- und Gleichgewichtsorgans sind so genannte Telerezeptoren für die Fernsinne, die auf Entfernungen hin registrieren, während die Haut und die Geschmackspapillen im Mundraum Kontaktrezeptoren haben und damit Nähe voraussetzen.

Die Einteilung der ursprünglichen fünf Sinne muss erweitert werden. Neben dem Gesichts-, Gehör-, Geruchs-, Geschmacks- und Tastsinn unterscheiden wir den Schmerz-, Warm- und Kaltsinn, den Sinn für die Körperlage im Raum und die Körperbeschleunigung. Hinzu kommen noch Empfindungen, die uns Hunger, Durst, Sättigung oder allgemeines Wohl-

oder Unwohlsein anzeigen. Nur bestimmte Energieformen sprechen unsere Sensoren an, wobei ihre Intensität dazu eine bestimme Schwelle überschreiten und die Energie genügend lange Zeit dauern muss. Zum Beispiel ist der adäquate Reiz beim Auge das Licht, aber auch bei Druck wird es reagieren, wenngleich nicht so schnell – und wir sehen Sternchen.

Der überwiegende Teil unserer Wahrnehmungen, nämlich achtzig Prozent, verläuft über Augen und Ohren. Diese beiden sind die so genannten Fernsinne und können uns vor Gefahren schon aus weitem Abstand warnen oder uns freudig auf etwas zugehen lassen. Beim Riechen ist es erforderlich, dass der Duftstoff in den Nasenrachenraum eintritt, also ganz nah ist. Riechen, Schmecken und natürlich Fühlen sind die so genannten Nahsinne, und damit verbindlicher. Alle Reize werden in die Gehirnzentrale als Auswertungs- und Koordinationsort geleitet. Das zentrale Nervensystem wäre völlig überlastet, wenn es jede ankommende Reizmeldung beantworten würde, deshalb filtert es „unwichtige" heraus. Allzu oft nehmen wir wahr, dass wir etwas übersehen haben, etwa wenn wir in einem Buch selektiv lesen – nämlich nur das, was wir jetzt gerade wollen oder benötigen. Ganz sicher ist uns auf diesem Weg schon wertvolle Information entgangen, aber unsere Gehirnzentrale war womöglich noch auf das alte Verhaltensmuster programmiert oder einfach überreizt und überlastet. Bei Gerüchen ist es auffällig, dass wir bestimmte Aromen mit abgespeicherten Erfahrungen verbinden. Der Geruchssinn hängt eng mit Erinnerungen zusammen. Die Haut als Sinnesorgan ist ebenfalls eine höchst interessante Angelegenheit. Unglaublich viele Meldungen erreichen unser Gehirn über den Tastsinn der Haut und über Berühren und Berührt-werden, auch im übertragenen Sinne. Werden wir zum Beispiel massiert und können uns ganz entspannen, registriert unser Körper mehr den Tonfall als den Inhalt der Worte, wenn der Massierende spricht. Die Berührung der äußeren Haut ist verbunden mit dem Berührt-werden in unserem Inneren. Auch alle Reflexzonentherapien gehen über die Haut, wir massieren also über eine spezielle Drucktechnik an bestimmten Hautpartien innere Organe.

Auch das Gehör ist ein spannendes Betrachtungsfeld, denn wir hören ja nicht nur mit den Ohren am und im Kopf, wir hören auch mit dem Herzen und können bei uns selbst prüfen, wie wir hinhören, zuhören, gehorsam sind, dazugehören wollen und so weiter. Die Sinnesorgane sind es, deren Signale uns *augenblicklich* in die Wachheit holen, falls wir, wohin auch immer, abgeschweift sind. Falls wir gerade ins Phantasieren abgedriftet sind, wird uns der Klang unseres Namens – in welchem Tonfall er auch gerufen wird – sofort alarmieren. Bei Kindern in einem bestimmten Alter klappt das nicht immer sofort. Wir haben über unser Bewusstsein einen Einfluss auf die Stärke des Schwellenreizes. Auch mit zunehmendem Alter sind wir es manchmal müde, dies und jenes zu hören, und hören einfach nur noch das, was wir hören wollen. Das glauben wir zumindest. Mit nachlassender Hörfähigkeit entgehen uns auch Informationen.

Für das Verständnis dieses Buches wäre es wichtig, sich der Sensoren der Sinnesorgane bewusster zu werden. Die Augen sind die Eingangspforten für die farbigen Essenzen von Aura-Soma – hier findet eine erste Kommunikation statt; denn was das Herz sucht, das finden die Augen, wenn es darum geht, intuitiv zu einer dieser leuchtenden Farben zu finden. Die Nase, genauer die Riechfäden im Inneren der Nasenschleimhaut und des Mundes, nehmen dann weitere Bestandteile der Essenzen auf und leiten sie in die Zentrale weiter. Wenn Pomander, Meisteressenzen oder Equilibrien über die Haut Kontakt aufnehmen und eingerieben werden, wird eine dritte Sinnesorgangruppe eingeschaltet; die Schwingungen und Informationen kommen also auf mehreren Wegen gleichzeitig über die Feinstofflichkeit der Aura in das Innere des Körpers.

In der Homöopathie wird es meistens so gehandhabt, dass Tropfen, Tabletten oder Globuli als die Träger der Information über den Mund eingenommen werden. Aber es geht dabei nicht um den Geschmackssinn, denn Arnika und Phosphor-Tropfen schmecken gleich. Hier zählt allein die energetische Schwingung, die über jenes Tor Einlass erhält. Bei sehr sensitiven Menschen oder auch bei kleinen Kindern wirkt das Arzneimittel auch, wenn es auf bestimmte Hautstellen eingerieben wird oder man es sogar nur als potenziertes Mittel in die Aura des Patienten hält, ihn gegebenenfalls daran riechen lässt. Auch auf diesen Wegen nehmen unsere Sensoren die Informationen auf, zu denen sie in Resonanz treten können.

Chakras

Davon ausgehend, dass der sichtbare Körper aus unendlich vielen ineinander wirkenden Kraft- und Schwingungsfeldern besteht, kann man sich vorstellen, welche Wechselwirkungen und Interaktionen sich ständig vollziehen und welcher Reizfülle, bis hin zur Reizüberflutung, wir ausgesetzt sind. Nun nehmen wir Reize und Informationen nicht nur über die genannten Sinnesorgane auf, sondern auch über die Chakras. Die Haupt- und Nebenchakras unseres Körpers sind, sehr vereinfacht gesagt, Energiefelder oder pulsierende, rotierende Energieräder, die ebenfalls Informationen, Schwingungen und Reize aufnehmen. Die Chakras sind zudem sowohl Überträger als auch Transformatoren der Energien, sie bremsen und beschleunigen, sie schalten Energie hinauf und hinab, vermitteln zwischen den einzelnen Energiezentren und balancieren aus. Aura-Soma-Essenzen können zur Anwendung vor ein Chakra gehalten oder eingerieben werden. Auf gleiche Weise kann man mit einem potenzierten homöopathischen Mittel vorgehen.

Die vorstehend aufgeführten Prinzipien der Resonanz- und Energietherapie sollen im Folgenden auf die Heilungssysteme von Aura-Soma und der Homöopathie angewandt werden.

AURA-SOMA

WAS IST AURA-SOMA?

Aura-Soma ist eine Kombination aus Farb-, Aroma- und Edelsteintherapie, die auf feinstofflichen Schwingungsebenen wirkt und den Menschen auf allen seinen Ebenen, nicht nur im körperlichen System, anspricht. In dem Namen Aura-Soma verbirgt sich bereits eine Botschaft. Er wurde von Vicky Wall, der Begründerin dieser wundervollen Resonanztherapie, intuitiv empfangen. Er verbindet die Feinstofflichkeit der Aura mit der Stofflichkeit des Körpers. Das Wort *Aura* kommt aus dem Lateinischen und verweist auf *Aurora,* die römische Göttin der Morgenröte. Das Wort *Soma* bezeichnet im Griechischen den Körper und im Sanskrit eine *lebendige Energie*. Vicky Wall übersetzte Aura-Soma als *das Licht, manifestiert in lebendigen Energien*. Die Verbindung von Geist und Materie, oder der stofflich gewordene Geist und die spiritualisierte Materie.

Aura-Soma arbeitet mit verschiedenen Essenzen, die auf die feinstofflichen Körper ebenso wie auf den stofflichen Organismus wirken. Verändert sich das Zellbewusstsein, so wirkt sich das umgehend in der Aura aus und umgekehrt. Die Aura-Soma-Therapie ist so verblüffend einfach, dass manche dies nicht wahrhaben wollen und immer wieder neue Erklärungsmodelle suchen. Die lineare Denkweise der Schulmedizin reicht hier zum Verständnis nicht aus, aber sie kann erweitert werden, um diese Heilungsreaktionen im Menschen zu erfassen. Schon in alten Schriften, wie dem Tibetischen Totenbuch, steht geschrieben, dass sich der innerste Wesenskern des Menschen in Farbe ausdrückt. Menschen, die im Kontakt mit ihrer Intuition stehen, wählen sich die passenden oder ergänzenden Farben in den Balance-Ölen oder Pomandern. Im Kontakt mit seiner

Intuition zu stehen, ist überhaupt nicht schwierig; als Kinder konnten wir das ganz spontan. Was das Herz sucht, das finden die Augen. In ihrer Hellsichtigkeit sah Vicky Wall, wie die Aura-Farben des Menschen mit den von ihm ausgewählten Aura-Soma-Flaschen übereinstimmten.

Die Farben und Informationen der Equilibrium-Flaschen korrespondieren mit den Farben der menschlichen Aura, und es treten Heilungsreaktionen nach dem Resonanzprinzip auf körperlicher, seelischer und spiritueller Ebene auf. Dieses Ineinanderfließen verschiedener Anteile innerhalb des Resonanzfeldes, das einen Widerhall, eine Verstärkung oder eine Auflösung bewirkt, geschieht ohne willentliches Zutun des betreffenden Menschen, ohne den kontrollierenden, einengenden Verstand.

Aura-Soma-Essenzen nähren in ihrer Schönheit und mit ihrem Duft unsere Seelen und stillen unseren geistigen Hunger nach Einheit. Die Farbwirkungen gehen über die Wechselwirkungen mit dem elektromagnetischen Feld hinaus und veranlassen Entwicklungen auf anderen Seins-Ebenen, sofern der Mensch dazu bereit ist, denn die Bereitschaft und die innere Erlaubnis zur Heilung sind die entscheidenden Voraussetzungen.

Die Geschichte von Aura-Soma

Aura-Soma wurde 1984 im englischen Tetford geboren. Tetford ist ein keltisches Ringdorf und strahlt eine ganz besondere Atmosphäre aus. Es liegt in der Nähe von Lincolnshire, dem Einflussgebiet von Robin Hood.

Vicky Wall wurde 1918 in einer orthodoxen-jüdischen Familie geboren. Sie war das siebte Kind eines sehr spirituellen Vaters, der sie von Kindheit an unterstützte, ihre Intuition zu entwickeln und ihren Erfahrungen zu vertrauen. Ihr Vater war ein Meister der Kabbalah. Das Wort *Kabbalah* kommt aus dem Hebräischen und bezeichnet die geheime Überlieferung der jüdischen Mystik. Vicky Wall war von Beginn ihrer Inkarnation an hellsichtig und fand in ihrem Vater die Umgebung und Unterstützung, die sie zur Ausführung ihrer Lebensaufgabe benötigte.

Ihr Leben stellte sie ganz in den Dienst an der Menschheit. Sie arbeitete anfänglich bei einem Apotheker und dann als Fußpflegerin in eigener Praxis, wo sie die Menschen mit ihren heilenden Händen und ihren eigens hergestellten Mixturen behandeln konnte.

Mit zunehmendem Alter wurde ihr mehr und mehr das äußere Augenlicht entzogen, und sie erblindete. Ihre Hellsichtigkeit blieb und ihre feinfühligen Wahrnehmungen intensivierten sich immer mehr. Sie erzählte einmal in einem ihrer Kurse, dass sie zunächst mit Gott gehadert hätte. So bereitwillig hätte sie der Menschheit gedient und so vielem entsagt, warum musste sie nun mit Blindheit gestraft werden? Je mehr sie aber mit ihrer Hellsichtigkeit gearbeitet hatte und ihr vollends vertraute, um so mehr hätte sie das Geschenk und den Auftrag ihrer inneren Ein-sicht wertgeschätzt. In einem Herzen, das wirklich versteht, gibt es so etwas wie Strafe nicht mehr.

1984 fühlte sich Vicky Wall erstmals meditativ geführt, um bestimmte Essenzen in Glasflaschen zu mischen. Sie stellte schon immer gerne Mixturen her, aber dieses Mal wurde es etwas ganz Besonderes. Sie verstand zum Zeitpunkt des Entstehens noch nicht die wirkliche Bedeutung, diese erschloss sich ihr erst später. Der Inhalt der Flaschen bestand zur Hälfte aus einer öligen und zur anderen Hälfte aus einer alkoholischen Flüssigkeit. Beide wiesen verschiedene Farben auf. Durch Schütteln ergab sich kurzzeitig eine gemischt-farbige Emulsion, die sich dann wieder in ihre Bestandteile und ihre Farben trennte, so dass zwei Farben übereinander stehen konnten.

In der alten ägyptischen Kultur wurden ähnliche Mischungen als Schönheitstinkturen hergestellt, weil die Haut diese Mischung besonders leicht aufnimmt. Vicky Wall dachte zunächst, es könnten solche Schönheitsmischungen sein, die zusätzlich noch mit den Kräften der Farben verbunden waren.

Sie erkannte nach und nach, dass sie *der Schönheit und dem Heilwerden der Seele dienen sollten* und entwickelte immer neue Farbkompositionen, wie Blau über Gelb, Rot über Grün und so weiter. Inzwischen gibt es über hundert verschiedene Balance-Farbkombinationen, wobei das Sortiment noch nicht abgeschlossen ist.

Vicky Wall war aufgrund ihrer Seelenqualitäten, ihrer Sensitivität und ihrer Erfahrungen dazu auserwählt, geistige Kräfte als Informationen mit der materiellen irdischen Ebene in Form von mineralischen und pflanzlichen Essenzen zu verbinden.

Licht als Information und Liebe als Schöpfungsenergie

Vicky Wall vermochte es, durch ihre Liebe zur Menschheit, geistige Qualitäten zu materialisieren. Sie realisierte das hohe Ziel der Liebe, Polaritäten zu vereinen, und verknüpfte zwei Dimensionen, indem sie Informationen der geistigen Ebene in natürlich vorkommende Flüssigkeiten einfließen ließ.

In dieser Zeit der Geburt von Aura-Soma lebte und arbeitete Vicky Wall mit der Osteopathin Margaret Cockbain zusammen. Gemeinsam stellten sie damals auf Messen und Ausstellungen erstmals die Balance-Kombinationen vor.

Es war eine Fügung des Schicksals, dass sich 1984 ebenfalls die Lebenswege von Vicky Wall und Mike Booth kreuzten. Er ist, wie Vicky Wall, ein tiefer Mensch, der weiß, der mit seinen Augen hinter die Fassade schaut und das Wesentliche erkennt.

Nach der Begegnung mit Vicky Wall arbeiteten sie fortan zusammen und ergänzten sich in ihrer Arbeit. Sie sagte einmal über ihn, dass er ihr seine Augen leihe. Er unterstützte sie in ihrer geistigen Arbeit und auch körperlich, denn sie war durch eine Zuckerkrankheit und eine durch einen Herzinfarkt entstandene Herzschwäche zunehmend auf Hilfe angewiesen. Als sie in ihrem tiefsten Inneren wusste und darauf vertrauen konnte, dass die Arbeit, die sie in die Erdenwelt hineingebar, weitergetragen würde, konnte sie im Januar 1991 diese Welt verlassen.

Equilibrien und Pomander
Farben als die Apotheke des Lichtes

Licht und Liebe sind die Quellen der Heilung. Beide Qualitäten zeigen sich in den verschiedensten Facetten, damit wir sie zunächst als Teil, schließlich aber als Ganzes wahrnehmen und erfassen können. Das Licht teilt sich auf in den Regenbogen, genauer in die Spektralfarben. Die Facetten des Regenbogens könnte man als *Buchstaben eines kosmischen Alphabets* betrachten.

Viele Wissenschaftler und Forscher untersuchten die Beschaffenheit des Lichtes und kamen zu der Überzeugung, dass für Licht die Wellentheorie ebenso wie die Korpuskulartheorie zutrifft. Die Wellentheorie besagt, dass Licht reine Schwingung ist, also pure Energie. Die Korpuskulartheorie weist auf kleinste Lichtträger hin, die so genannten Korpuskel, womit Licht als Materie anzusehen wäre. Im Licht berühren sich vielleicht Geist und Materie. Durch die Aufgliederung in die einzelnen Spektralfarben können wir uns die einzelnen Qualitäten und Facetten dieses unvorstellbaren Lichtes deutlich machen. Johann Wolfgang von Goethe, der geistige Vater der anthroposophischen Farbbetrachtung, sagte: „Das Entstehen der Farbe und sich entscheiden sind eins." Ziel ist es, das Ganze zu erfahren.

Farben sind etwas sehr Verbindendes, sie verknüpfen augenblicklich Verstand und Gefühl. Wir können nicht nur *über eine Farbe nachdenken,* sondern sie *wirkt* zur gleichen Zeit auf unser Gefühl. Sie sind Symbole archaischer Kräfte, die auf Ewigkeit Gültigkeit haben. Das Rot des Regenbogenspektrums mit der langwelligsten Frequenz symbolisiert Aktivität und zentriert auf sich selbst, während Gelb Wärme und Feuer ist und nach außen strahlt. Blau mit einer wesentlich kurzwelligeren Frequenz bedeutet Tiefe, Stille und zentriert nach innen. Für ein vertiefenderes Studium empfiehlt sich das Buch „Aura-Soma und die Chakras" von Mike Booth und Peter Michel, in dem sehr ausführlich auf die einzelnen Spektren und Farbwirkungen eingegangen wird.

Mit Farben zu heilen, ist eine alte, tief verwurzelte Heilmethode im Sinne der Resonanz. Farben sind wie *Botschaften*, die tiefe Weisheiten aus allen Seins-Bereichen enthalten. Vicky Wall sagte einmal, dass die *Farben wie Tore sind, durch welche die entsprechende Weisheit in uns eintreten kann*. Die Wellenlänge einer Farbe sei wie ein *Schlüssel*, der den Körper an der richtigen Stelle und zur richtigen Zeit aufschließen könne.

Das Aufnehmen der Farbbotschaften geschieht zunächst über das Auge, während dann bei der Anwendung der Equilibrien-Öle und Pomander über die Nase auch die Düfte ihre Wirkungen entfalten. Die Aromatherapie ist eine ebenso tief verankerte Heilmethode. Vom Duft heilbringender Kräuter bis hin zur alten Kunst, mit Düften auszuräuchern, gibt es inzwischen ein großes Wissen über Aromen. Die Duftpartikel werden über die Nase, durch deren Riechfäden, an das Gehirn weitergeleitet und lösen dort im Riechhirn vielfältige Reaktionen wie Anregung, Beruhigung und auch Erinnerungen aus. Auch bei Duftstoffen ist die Resonanz von Denken, Wahrnehmung und Gefühlen kombiniert.

Die Aroma-Extrakte für die Aura-Soma-Essenzen entnahm Vicky Wall ihren geliebten Pflanzen und Blumen, die für sie lebendige Energien waren. Sie sprach mit ihren Pflanzen und hatte von ihrem Vater gelernt, keine Blume unachtsam zu pflücken, sondern nur dann, wenn durch die Blume ein Bedarf gedeckt werden konnte. Ihr Vater lehrte sie, das Leben zu achten und nicht zu verschwenden. Sie behandelte gepflückte Blüten als Wesenheiten, die sich in Selbstlosigkeit verschenkten, gewissermaßen sogar opferten. In Vicky Walls Essenzen würden sie weiterleben. Sie sprach von reinkarnierten Energien der Blumen in Tinkturen, denn ihr Wesen und ihre Qualitäten lebten durch die Aura-Soma-Schöpfungen weiter, beziehungsweise wieder.

So wie die Heilkräuter und Blüten Botschafter des Pflanzenreichs sind, so sind Edelsteine und Kristalle Botschafter des Mineralreichs und die Farben Botschafter des Lichtes. Edelsteine und Kristalle sind im Schöpfungsprozess entstandene Materie und im Werden und Reifen mit allumfassender Liebe und Weisheit durchdrungen. Das Einbringen der Edelsteinenergien geschieht auf energetischem Weg – und zwar durch kabbalistische Invokation, ein kraftvolles Ritual der Übertragung mit Worten, bei der die Energien des Kristalls oder des farbigen Edelsteins weitergeleitet werden. Dies geschieht nicht allein mit dem menschlichen Willen, sondern erfordert von dem, der diesen Vorgang ausführt, dass er sich auf spezielle Faktoren einstimmt.

Es mag bei Zweiflern Skepsis wecken, wenn man mit dieser Art und Weise noch keine Erfahrungen gesammelt hat. Dieser energetische Prozess besteht zum Teil darin, dass sich Vicky Wall, beziehungsweise jetzt ihre Nachfolger in Dev Aura, welche die Tinkturen und Trägerstoffe bearbeiten, als Kanal oder Vermittler zur Verfügung stellen, so dass höhere Lichtwesen oder Energiefelder durch ihre Körper wirken können. Ein Mensch ohne diese spirituelle Verbindung zu höheren Dimensionen wäre nicht fähig, solche Werke zu vollbringen. Es braucht dazu die Bereitschaft, sein individuelles Ego zurückzustellen und dem Höheren Selbst den Raum zu überlassen.

Vicky Wall liebte ihre Balance-Flaschen (wie sie damals hießen) und nannte sie gar ihre *Juwelen*. Die rechteckigen Glasflaschen mit den zwei übereinander stehenden Farben, die sich wegen ihres spezifischen Gewichtes (Öl und alkoholische Lösung) nicht vermischen, sind wahrlich schön anzuschauen. Die *beseelten Farben* der beiden Hälften kommunizieren mit dem innersten Wesenkern dessen, der sich die Flaschen ansieht. Das Hinschauen und Angezogenwerden öffnet die erste Tür. Weitere öffnen sich dann im weiteren Anwendungsverlauf. Die ausbalancierenden Kräfte wirken auf die Gesundheit, die auch als Ordnung gesehen werden kann, und auf Krankheiten oder Konflikte, die entsprechend als ein Zustand der Unordnung oder gar des Chaos betrachtet werden können.

Es ist ratsam, den Einstieg in das Aura-Soma-System nicht ohne fachkundige Begleitung zu beginnen und weiterführende Literatur von Vicky Wall oder Mike Booth durchzuarbeiten. Der Equilibrium-Zweig der Aura-Soma-Therapie berührt die seelischen Tiefen des Menschen, deshalb sollten Unerfahrene eine sichere Hand neben sich spüren, wenn innere Prozesse ausgelöst werden.

In Form von Pomandern gibt es weitere heilsame Aura-Soma-Mittel. Sie beinhalten eine Mixtur aus Aromen von Pflanzen und die geistige Information von Edelsteinen. Die farbigen Pomander dienen in erster Linie unserem *Schutz*, dem geistigen wie dem körperlichen. Wirklicher Schutz zeigt sich im rechten Handeln zur rechten Zeit. Es geht nicht darum, eine Schutzmauer um sich aufzubauen, die von nichts mehr durchdrungen werden kann, sondern es geht um ein gesundes Gefühl des Geborgenseins sowie um den Zugang zu dem, was wir zur Bearbeitung unserer Lebensthemen benötigen. Mit ihrer kraftvollen energetischen Botschaft wirken die Pomander ganz besonders intensiv auf die Chakras.

Wie findet man nun den richtigen Pomander? Der einfachste und sicherste Weg, den richtigen zu finden, ist der Weg über die Intuition. Es ist schön, wenn Sie die Möglichkeit haben, für die Auswahl alle Farben vor Augen zu haben. Sie können kurze Zeit die Augen schließen und sich mit Ihrem Thema, der schmerzenden Körperstelle oder Ihrer inneren Frage, verbinden. Vergegenwärtigen Sie sich, dass Sie von innen heraus geführt werden – wenn Sie sich denn führen lassen. Konzentrieren Sie sich auf die Frage, welcher Pomander Ihnen gerade jetzt bei der Lösung oder Integration von.....hilft. Öffnen Sie dann die Augen und wählen, ohne den Verstand einzuschalten, den Pomander, der Sie zuerst anzieht, ruft oder Ihre Aufmerksamkeit auf sich zieht.

Eine weitere Möglichkeit ist es, aufgrund des Studiums der Fachliteratur einen entsprechenden Pomander auszuwählen, allerdings wird dann der Intellekt mitreden. Auch die Chakra-Zuordnung ist eine Wahlmöglichkeit, doch sei die intuitive Wahl besonders empfohlen.

Die Anwendung ist denkbar einfach. Man gibt drei Tröpfchen der Essenz in eine der Handflächen, verreibt sie dort und fächelt sie in einigen Zentimetern Abstand in die Aura ein. Dann hält man die Handflächen an die Nase und atmet den Duft und die Information auch über die Lungen tief ein. Die Informationen verteilen sich so im energetischen Schwinungungsfeld des Menschen.

Die Essenzen der Pomander können auch direkt auf Akupressur-Punkte aufgetragen werden, je nachdem ob etwas angeregt oder beruhigt werden soll. Wenn man in die Handflächen zwei bis drei Tropfen gibt und sie verreibt, kann man die so mit der Heilessenz in Kontakt gebrachten Hände dort auflegen, wo eine schmerzende Stelle ist, die Hände um den Hals legen, wenn dieser schmerzt oder die Hände über ein bestimmtes Chakra halten. Es braucht hier nicht nach einem starren Schema vorgegangen zu werden, man kann sich führen lassen.

Die Wirkungen der Pomander

Die Aura-Soma-Pomander wirken durch ihre Farben, ihren Duft und ihre Edelsteinenergien ganz besonders intensiv auf die Chakras ein, die energetischen Zentren im feinstofflichen Ätherleib. Ein Chakra kann man sich als dreidimensionales, pulsierendes Rad vorstellen, das rhythmisch vom Zentrum her nach außen hin kreist. Dabei versprüht es ständig Energie, ähnlich einer Quelle, die überläuft und die entsprechende Schicht der feinstofflichen Körper versorgt.

Die Chakras sind *Kraftzentren* oder *Brennpunkte*, sie nehmen Energie aus dem Kosmos und von der Erde auf und verändern oder transformieren sie in für den Körper und Geist brauchbare Energie. Es sind energetische Umschlagplätze, wichtige Brennpunkte zwischen Körper und Geist.

Die sieben Haupt-Chakras liegen entlang der Wirbelsäule und werden vom ersten im Beckenbodenbereich bis hin zum siebten über dem Scheitel im Rahmen der Pomander-Beschreibungen erwähnt.

Die energetische Verbindung, die unsere einzelnen Chakras untereinander versorgt, ist der *Lebensstrom*. Er fließt in allem Lebendigen und steht in Resonanz mit der individuellen Seelenschwingung. Es kann vorkommen, dass durch körperliche Symptome oder starke Gefühle, wie Angst und Zorn, der Lebensstrom eingeengt oder gar im Fluss abgelenkt und gestaut wird.

Es ist so sinnvoll, die Pomander auch bei körperlichen Symptomen, wie Schmerzen, akuten Entzündungen oder chronischen Leiden, anzuwenden. Viele von uns wollen in ihrem Alltag funktionieren und geben sich erst gar keinen Raum für spirituelles Wachstum. Mit Hilfe der Pomander kann das Bewusstsein wachsen, die täglichen Anforderungen als geistige Herausforderungen anzusehen und so Spiritualität ganz konkret im Alltag umzusetzen.

RUBINROTER POMANDER

Der tiefrote Pomander duftet holzig, erdig und würzig. Seine ätherischen Öle sind Zeder und Lorbeer, seine Edelsteinenergien entstammen dem Granat, Rubin, Hämatit und Karneol. Die Hauptwirkung bezieht sich auf das Basis-Chakra und ist damit der Wirkung des roten Pomanders ähnlich (siehe nächste Beschreibung), wenngleich deutlich stärker. Seine Anwendung empfiehlt sich in *persönlichen Extremsituationen, im Schutzaufbau und bei der Reinigung von Räumen.*

KÖRPERLICHE ANWENDUNG

Bei energetischen Auswirkungen von geopathischen Störfeldern, Wasseradern und Ähnlichem auf den Körper. Stellt die Polarität im Körper wieder her. Dient der Erdung vor Therapiesitzungen. Schützt vor „Energiedieben“. Hilft bei extremen Zuständen des beim roten Pomander genannten Bereichs oder in Notfällen. Nach Operationen kann es sinnvoller sein, sanftere Pomander zur Regeneration zu wählen, es sei denn die Situation erfordert es oder die Intuition verlangt danach.

Der rote Pomander duftet fruchtig, würzig bis erdig. Seine ätherischen Öle entstammen Sandelholz, Wacholder und Nelken, seine Edelsteinenergien erhält er aus Granat und Rubin. Rot wirkt besonders auf das Basis-Chakra im Beckenbodenbereich, das dem Element Erde verbunden ist. Er *erdet am stärksten und verleiht den wirkungsvollsten Schutz.* Seine Themen sind „Verwurzelung" und Standhaftigkeit, starke Motivation und ausgerichteter Lebenswille. Mit ihm entwickelt sich eine gesunde Selbstakzeptanz. Diese Qualität sowie das Verwurzelt-sein fehlt, wenn Menschen nicht gut „mit beiden Füßen auf der Erde stehen". Dies zeigt sich zum Beispiel in allen Arten von Schmerzen in den Füßen beim Gehen, durch nicht harmonisches Abrollen von den Fersen zum Vorfuß oder durch andere Arten von Gehschwierigkeiten.

Durch die tiefrote Farbe erfährt das Blutsystem eine vitalisierende Kraft, denn es ist die Farbe des Blutes. Das Blut ist unser Lebenssaft, und ein Tropfen Blut symbolisiert unser gesamtes Wesen. Über den Blutkreislauf ist jeder winzigste Teil unseres Körpers mit dem lebenswichtigen Organ Herz verbunden. Das Blut transportiert in den Gefäßen nicht nur Sauerstoff fördernde, hemmende und nährende Bestandteile, sondern es lässt auch die Liebe, Wärme und das Verständnis des Herzens mit jedem Pulsschlag mitfließen.

Der rote Pomander stärkt ganz allgemein die Lebenskräfte. Er fördert die Fruchtbarkeit und die Kreativität. Er schenkt die Energie zum Überleben und ist im höchsten Maße praktisch ausgerichtet. Rot fördert die praktischen Begabungen, um die ganz alltäglichen Probleme zu lösen. Es ist die Energie des Anpackens, und daher ist er von allen Pomandern *am vitalisierendsten.* Er erhöht die Schwingungsfrequenz der Körperzellen und nährt ekstatische Erlebnisse (zum Beispiel im Orgasmus). Leidenschaft erwacht, die einerseits ein starkes Erleben fördert und andererseits auch Leiden schafft. Der rote Pomander weckt das Bewusstsein für Herrschsucht, Dominanz und Suchtverhalten, jene Ebenen, auf denen wir straucheln oder abrutschen könnten.

KÖRPERLICHE ANWENDUNG

Alle Formen von Energielosigkeit; bei Beschwerden, die durch Mangel entstehen; bei zuwenig oder keiner Erdung und Verwurzelung. Bei Unterleibsbeschwerden von Männern oder Frauen. Zum Ausheilen von Blasenentzündungen, Darmkrankheiten, Krampfadern (zum Beispiel drei bis vier Wochen nach einer Venenoperationen) und nach Thrombosen oder Venenentzündungen.

KORALL-FARBENER POMANDER

Der korall-farbene Pomander enthält zwei Teile rot und einen Teil gelb. Er wirkt zwischen dem ersten, roten Energiezentrum und dem zweiten, orangefarbenen, also zwischen Erde und Wasser. Es ist kein Zufall, dass er sich in der Wende zum Wassermann-Zeitalter gezeigt hat. Seine Themen sind Wachstum in den verschiedensten Qualitäten und pure Lebensfreude. Er nährt den Lebensfluss, das Loslassen sowie das Urvertrauen, versorgt zu sein. Ein treffendes Symbolbild hierzu ist die im Meer lebende Koralle, die nur durch und von der Strömung lebt, die ihr alles *vorbeibringt,* was sie zum Leben und für ihre Entwicklung benötigt. Auch für den Menschen ist alles in Fülle vorhanden, es wird uns zugetragen, wir müssen es *nur* integrieren. Das klingt zwar sehr einfach, doch jeder weiß, welche Schwierigkeiten sich hier im Einzelfall zeigen können.

Ein Korallenstock ist ein großes Gebilde aus vielen Einzelteilen. Menschen, die sich von dieser Pomanderfarbe angezogen fühlen, sind Persönlichkeiten, die über eine tiefe Liebe und Intuition verfügen und bereit sind, sich für das Wohl eines größeren Ganzen einzusetzen – für eine Familie, für eine soziale Lebensgemeinschaft, für eine gemeinsame Arbeit. Sie durchschauen Zusammenhänge und wie alles voneinander abhängt – und zwar auf allen Ebenen, von der philosophischen bis hin zur ökologischen.

Die korallenrote Farbe wird als die Farbe des Strahls für die neue Christus-Energie angesehen. Aus der Aura-Soma-Perspektive zählt Koralle zur Qualität „Liebe – Weisheit" und trägt zur Entfaltung des *neuen Menschen* bei.

Die Gefahr, die den Menschen in diesem Zusammenhang droht, ist die, dass sie für ihre Liebe und ihren Dienst an der Menschheit etwas zurück erwarten, also die Neigung zu Abhängigkeiten, Co-Abhängigkeiten und Suchtverhalten.

KÖRPERLICHE ANWENDUNG

Bei Kreislaufproblemen und zu hohem oder zu niedrigem Blutdruck. Die Stauungsthemen (zum Beispiel auch bei Zysten, auch hier wird etwas „isoliert" und nicht in den körperlichen Fluss gegeben), wenn man sich isoliert fühlt sowie bei allen Unterleibskrankheiten.

ORANGER POMANDER

Der kräftig orange farbene Pomander duftet würzig bis frisch. Seine ätherischen Öle sind der Mandarine und dem Zimt entnommen, seine Edelsteinenergien entstammen dem Topas, dem orangen Calcit, dem Sonnenstein, dem Tigerauge und dem Jaspis. Er wirkt auf das Sakral-Chakra, dessen Element das Wasser ist. Seine Hauptwirkung richtet sich ganz allgemein auf den *Lebensfluss* und auf die *vitale Lebendigkeit.* Er begünstigt das *Loslassen in all seinen Variationen, Veränderungen und den Wechsel.* Er unterstützt die Aussöhnung mit alten Verletzungen körperlicher und seelisch-geistiger Art (Aura-Wunden und Löcher); über die Wirkung des zweiten Chakras harmonisiert er das Hormonsystem (Nebennieren) und ist hilfreich bei Veränderungen wie Pubertät und Klimakterium. Lebenskrisen sind wichtige Übergänge, in denen der orange Pomander ganz besonders unterstützt, so dass man nicht darin hängen bleibt. Er begleitet solche *Transite.* Er begünstigt gesunde Anpassungen (Wasserelement) in allen Krisen, lehrt Grenzen zu beachten, zu setzen und zu überschreiten. So genannte *Nabelschnur-Themen* und jede Form von Abnabelung werden im gesunden Fluss gehalten. Es ist nicht zu unterschätzen, dass unser Nabel als allererste Narbe unseres Lebens weitreichende Prägungen hat. Der orange Pomander ist daher ein wunderbarer Balsam für alle Narben, für die körperlichen wie für die seelischen, und söhnt mit alten Verletzungen aus.

Er weckt und stärkt das Bewusstsein für direkte und indirekte Abhängigkeiten, für das er regelrecht ein Schlüssel ist. Durch unerlöste Schocks und Traumata aus der Vergangenheit, die lange mit sich herumgetragen werden, können mangelnde Selbstwertgefühle erwachsen. Manche Menschen verleitet das dazu, sich immer wieder Autoritäten oder Gruppen anzuschließen, die bestimmen, wo es lang geht. Es erfordert eine Portion Ehrlichkeit zu sich selbst, den Begriff Symbiose nicht für etwas zu benutzen, was kein gesundes Miteinander ist. Hinter jemandem, der Dominanz lebt, lässt es sich leicht verstecken. Der orange Pomander führt aus dieser Angst vor der eigenen Einsamkeit und Entscheidungsunfähigkeit heraus. Das kann manchmal ein steiniger Weg sein, aber er lohnt allemal.

KÖRPERLICHE ANWENDUNG

Alle Formen von Stauungsproblemen; bei Kreislaufsymptomen durch niedrigen oder hohen Blutdruck; bei Krampfaderschmerzen und Nachbehandlungen von Operationen, wenn Eingriffe und Einschnitte vorgenommen wurden. Bei Schleimhautproblemen im Darm oder in den männlichen oder weiblichen Geschlechtsorganen.

GOLDENER POMANDER

Der gold-gelbe Pomander duftet fruchtig und blumig. Seine ätherischen Öle entstammen der Melisse, seine Edelsteinenergien dem Bernstein, dem Zitrin und dem Metall Gold. Seine Hauptwirkung bezieht sich auf den Raum zwischen dem zweiten und dritten Chakra, also zwischen Wasser und Feuer. Wasser kann Feuer löschen, und Feuer kann Wasser so aufheizen, dass es verdampft. Der goldene Pomander verleiht das nötige Fingerspitzengefühl für die Handhabung von schwierigen Lebenssituationen, um angemessen die Kraft des Verbrennenden oder des Wegschwemmenden einzusetzen und um sich so flexibel und anpassend wie Wasser oder erwärmend und nährend wie Feuer zu verhalten.

Er schenkt *goldenen Lichtschutz*, wobei der beste Schutz sich durch rechtes Handeln zur rechten Zeit zeigt. Er stärkt die individuelle Intuition und das Selbstvertrauen. Seine Stärke liegt in der *Balance zwischen Feuer und Wasser.* Gold weckt in uns die Weisheit, wenn Energien sich verbinden, wie in diesem Fall die stark unterschiedlichen Qualitäten des zweiten und dritten Chakras.

Er vermittelt uns ausgewogenes und rechtes Handeln in unserer Lebensgestaltung. Das Gold ist das Metall der Sonne und symbolisiert den aktiven männlichen Aspekt; hier geht es um das wahrhafte Tun und Verwirklichen. So führt Gold mehr und mehr zur Kraft der eigenen Persönlichkeit. Aura-Soma betrachtet Orange als Einsicht, Gold als Weisheit und Gelb als Wissen. Anwendung findet der goldene Pomander immer dann, wenn es innerhalb des eigenen Erkenntnisprozesses um ungleiche Kräfte geht. Er hilft bei vielen akuten Geschehnissen und stellt die ausgleichende Mitte dar.

KÖRPERLICHE ANWENDUNG

Bei „akutem Chaos“ sowie Unsicherheiten im Handeln. Bei aktuellen Prozessen im Bauchraum; bei Mangel an Balance und zur Stärkung aller Unterleibsorgane bis in Zwerchfellhöhe.

Das Gold-Raumspray ist ideal, um in einem Seminarraum oder in der Praxis (oder wo auch immer) für eine neue Gruppe oder für einen neuen Menschen „neuen Raum“ zu schaffen, um willkommen sein.

GELBER POMANDER

Der kräftig gelbe Pomander duftet fruchtig, zitronig und leicht nach Wald. Seine ätherischen Öle sind der Zitronella, dem Sandelholz und dem Zitronengras entnommen. Seine Edelsteinenergien sind die des Bernsteins, des gelben Fluorits, des gelben Quarzes, des Topas und des Zitrins. Seine Hauptwirkung ist auf das dritte Chakra, den *Solarplexus,* gerichtet, unsere innere Sonne und das Sinnbild des Elements Feuer. Hier finden die Stoffwechselprozesse, die Verbrennung und die Verdauung statt, auf der körperlichen wie auf der seelischen Ebene. Somit begleitet der Pomander wunderbar alle Formen von Verdauungsstörungen, ob uns nun ein Essen oder eine Nachricht nicht bekommen ist.

Der Solarplexus ist der *Sitz der Selbstheilungskräfte*. Der gelbe Pomander schenkt das notwendige Licht bei Schwermütigkeit und Depression. Schattenanteile sind die Anteile von uns, die sich dem Licht noch entgegenstellen. Gemeinsam mit ihm versteht man mehr und mehr die Widerstände, die noch verhindern, dass Wissen ohne Wenn und Aber Einlass findet. Mit ihm wird es möglich, die Energie zur Selbsterforschung aufzunehmen, die ein Erwachen zu mehr Freude birgt. Je mehr Wissen wir uns erlauben, um so mehr sind wir in der Lage, mehr Energien aufzunehmen. Der Beginn einer wunderbaren Spirale in Bezug auf Lebensfreude und Selbsterkenntnis.

Er wirkt wunderbar auf Ängste, ist mutmachend und hilft, Selbsttäuschungen zu erkennen. Kommunizieren wir mit unserem eigenen Kraftzentrum, wird es uns leichter fallen, sich den Themen von Angst und Macht zu stellen. Indem wir das Wissen über uns selbst vertiefen, kommen wir den Wahrheiten über uns und um uns näher. Er wirkt der Ignoranz, der Faulheit und Feigheit als Angst vor Veränderung entgegen. Der gelbe Pomander sorgt für die *Entfaltung auf allen Ebenen*, stärkt den aufrichtigen Mut – wobei Hochmut ein Stolperstein auf spirituellem Weg ist, Demut dagegen ein Sprungbrett. Gelb fördert die gesunde Mut- und Wut-Thematik. Menschen, die sich selbst genauer kennenlernen, drücken, ohne dies absichtlich zu wollen, mehr und mehr das wirklich Wahre aus. Und sie machen uns Mut – ohne große, belehrende Worte – es ihnen gleich zu tun. Je stärker ihre innere Sonne strahlt, um so mehr Lebensfreude springt über. Ähnlich dem goldenen Pomander unterstützt er heilsame Abnabelungsprozesse.

KÖRPERLICHE ANWENDUNG

Alle Formen von Angstzuständen und Depressionen. Bei Kindern: Versagensängste vor Prüfungen. Leberstörungen, Magen-

und Verdauungsprobleme. Der Pomander kann auch helfen, die Milz- und Bauchspeicheldrüsenfunktion auszugleichen.

OLIVGRÜNER POMANDER

Der olivgrüne Pomander duftet frisch nach Wald. Seine ätherischen Öle sind der Himalaya-Kiefer und dem Lavendel entnommen. Seine Edelsteinenergien entstammen dem Epidot, der Jade und dem Olivin. Seine Hauptwirkung bezieht sich auf den Raum zwischen dem dritten und vierten Chakra, also zwischen Solarplexus und Herz, zwischen Feuer und Luft. Das innere Feuer gibt uns die Kraft, auf unser Gefühlszentrum zu schauen. Der olivgrüne Pomander nährt auf heilsame Art und Weise alle emotionalen Erlebnisse. Er lässt weich und formbar werden im Sinne der Bereitschaft zur Veränderung. *Gelb öffnet und Grün schafft Raum*. Er unterstützt auch Gefühle, die noch nicht in Worte gefasst und noch nicht in Taten manifestiert sind. Oliv stärkt bei jedem Menschen *weibliche und intuitive Qualitäten* und fördert die Kreativität an sich. Der Pomander ermutigt uns, mit neuen, mit noch nicht vertrauten Gefühlen in Kontakt zu kommen.

Menschen, die die olivgrüne Farbe in sich integriert haben, sehen ihren Weg klar vor sich, sie können auch schwierigste Situationen meistern, weil sie sich selbst vertrauen. Sie haben auch unter unvorteilhaften Bedingungen noch Hoffnung. Manchmal meistern sie ihre Gefühle, indem sie auch über sich selbst lachen können. Wer so im Kontakt mit sich und mit seinen weiblichen Führungsqualitäten steht, traut sich, allen Herausforderungen die Stirn (oder eben das Herz) zu bieten. Der olivgrüne Pomander bringt uns mit Neuem in Kontakt, und zwar immer mit Anteilen von Gefühlen, mit denen wir bisher noch nicht vertraut waren. Er vermittelt uns den Mut, in diese neuen Erkenntnisse hinein zu gehen und unsere eigenen Erfahrungen zu machen.

KÖRPERLICHE ANWENDUNG

Mangel an Kraft zum Handeln und Umsetzen der Intuition. Im

Klimakterium hilft der Pomander bei Hitzewallungen, Stimmungsschwankungen und Schlafstörungen. Er weckt die Lust auf einen Neubeginn. Bei Ängsten, die sich im Oberbauch zeigen. Bei Magenkrämpfen, wenn der Magen auf das Herz drückt. Bei Hautausschlägen im Bauchbereich.

SMARAGDGRÜNER POMANDER

Der kräftig grüne Pomander duftet warm nach Wald. Seine ätherischen Öle stammen aus Rosmarin und Kiefer. Seine Edelsteinenergien stammen von Jade, Malachit, Moldavit und Smaragd. Seine Hauptwirkung richtet sich auf das Herz-Chakra (viertes Chakra), also auf das Luft-Element. Hier ist der Atem das Thema. Es geht um *Hereinlassen und Abgeben* als ein immerwährender Austausch. Hier erfahren wir eine Welle in Bezug auf Wahrheit und Vertrauen. Ein neues Empfinden von Harmonie und Balance, das tief in uns verankert ist, kann lebendig werden. Dieses Grün umfasst ein Potenzial für ein Erwachen des Herzens, um auf neue Weise mit dem Herzen zu denken.

Wir brauchen Luft (Raum) zum Atmen. Der smaragdgrüne Pomander wirkt Engegefühlen entgegen; denn Grün schafft Raum. Wenn sich Geschehnisse verdichten, verhilft er zu Erleichterungen und Befreiung. Es mag auch sein, dass das Grün uns Wege zeigt, um uns von altem Ballast zu befreien, alte Gefühlsverletzungen endlich ausheilen zu lassen – oder gar verzeihen zu können. Im Herzen geschieht Heilung durch das Loslassen der Vergangenheit, um Frieden, Vertrauen und Glauben im eigenen Inneren zu finden.

Der grüne Pomander beruhigt und bringt wieder ins Gleichgewicht. Durch den Bezug zur Natur symbolisiert er Regeneration. Wer die Gesetze der Natur beobachtet und anerkennt, wer das Wachstum und die Entwicklung dort versteht, wird auch die Parallelen zum eigenen inneren Wachstum erkennen.

Im körperlichen und geistigen Herzen begegnen wir wieder dem Geben und Nehmen, diesmal nicht der Luft, sondern der Gefühle. Der grüne Pomander nährt die Bereitschaft zum Verzeihen und verbindet mit der inneren Weisheit. Es tut wohl, die wahren Werte zu erkennen und wertzuschätzen. Grün *schult wirkliche Liebesfähigkeit*. Sanftheit und Zärtlichkeit sind lebenswichtige Vitamine für das Herz. Dieses Grün ist für alle Variationen von Herzbeschwerden geeignet. Es nimmt die Enge und schafft Raum für neues, verändertes Wirken. Es weckt die Lebensfreude und die Glückseligkeit, macht bewusst für inneren Reichtum und eine heilsame *Dankbarkeit*. Der grüne Pomander unterstützt die Erkenntnis und das Bewusstsein für Eifersucht oder die Gier nach Macht und Dominanz.

KÖRPERLICHE ANWENDUNG

Alle Formen von Husten- und Herzbeschwerden, vom Asthma bis zur Nachbehandlung von Herzinfarkten. Hilfreich bei Entwicklungsstörungen von Kindern und Erwachsenen. Bei Freudlosigkeit, flacher Atmung, allen Formen von Engegefühlen und Ängsten.

TÜRKISER POMANDER

Der zart grün-blaue Pomander duftet süß bis würzig-frisch. Sein ätherisches Öl ist der Zeder entnommen, seine Edelsteinenergie dem Aquamarin. Seine Hauptwirkung bezieht sich auf den Zwischenbereich des vierten und fünften Chakras. Hier heißt es: *Die Kraft des Herzens verbindet sich mit der kommunikativen Qualität der Kehle*. Hier erwartet uns eine starke Welle von Kreativität, die sich in einer produktiven Offenheit für alle technischen Neuheiten ausdrücken kann – also das Gegenteil von der so genannten Technophobie (Angst vor technischen Geräten, Scheu vor Computern und den neuen Kommunikationsmöglichkeiten des Internets oder via Handy). Seine leichte Farbe lädt ein, alles Neue und zunächst Fremde anzunehmen und als Herausforderung zur Integration anzusehen. Türkis fördert die Schöpferkraft nicht nur der Künstler, sondern gerade für jedermann und in jedem Beruf. Bedeutsam dabei ist, dass wir das Wohl der Gemeinschaft (auch die mit der Erde) nicht aus den Augen verlieren

Der türkise Pomander bringt Erleichterung bei Druck und Spannungen im oberen Brustbereich. Vicky Wall beschrieb ein neues Chakra – das *Ananda-Khanda-Chakra* im rechten Brustraum. Sie sah es als das Chakra für Massenkommunikation, ähnlich der Telepathie (hier betrifft es mehr das Herz als das Gehirn). Türkis fördert die Mitteilungen von Herz zu Herz. Es lehrt uns, uns in das globale Netz von Verständnis, Mitgefühl und Liebe einzuschwingen. Auch ist die Computerentwicklung und die kommunikative Vernetzung ein Abbild davon und nicht zuletzt ein Zeichen des Wassermann-Zeitalters.

Der türkise Pomander lehrt uns, im Kontakt mit den Gefühlen einer Angelegenheit Ausdruck zu verleihen. Er fördert eine *gefühlvolle Stimme,* beziehungsweise die daraus resultierende *Stimmung,* die nicht nur auf uns selbst, sondern in die Umgebung, ins Universum wirkt. Türkis nährt auch die Schutzthematik des Kehlkopf-Chakras. Zusammen mit dem saphirblauen Pomander sind sie für alle Stimm- und Sprachschwierigkeiten unersetzbar.

KÖRPERLICHE ANWENDUNG

Nachbehandlung nach Bronchitis (für akute Bronchitiden eher Grün oder Blau), bei Angina pectoris-Enge-Zuständen, Angstgefühlen, die sich im oberen Brustbereich zeigen und bei Druck und Spannungen im Brustbeinbereich. Der türkise Pomander schenkt der immer aktiven Thymusdrüse heilsame Energien, damit sie ihre Funktion weder übertreibt, wie in der Allergie, noch unterlässt, wie in der Immunschwäche und der dauernden Neigung zu Erkältungen, besonders im oberen Brustbereich. Er löst Hemmungen vieler Art, die mit der Beschäftigung von etwas „Neuem“ zusammenhängen.

SAPHIRBLAUER POMANDER

Der hellblaue oder himmelblaue Pomander duftet nach Wald, seine ätherischen Öle stammen von der Zeder, der Myrrhe und dem Maiglöckchen. Seine Edelsteinenergien entstammen dem Aquamarin und dem Saphir. Seine Hauptwirkung richtet sich auf das fünfte Chakra, das Kehlkopf-Chakra, das dem Element Äther angehört. Hier befindet sich die *Brücke zur geistigen Welt*, die Verbindung von Körperstamm und Kopf, von Gefühl und Verstand. Vom Körper her gesehen, ist der Hals die engste Stelle des Körpers, hier bewirkt ein helles, lichtes und leichtes Blau oft Wunder.

Dieser heilsame Pomander ist für alle Arten von *Kommunikation* geeignet. Es geht um die Verständigung über die Sprache, aber auch über das Wort, und dabei ist auch die innere Kommunikation mit unseren inneren Lehrern oder Meistern gemeint.

Im Bereich der Kehle sind viele Menschen besonders empfindlich für Berührung oder Enge jeder Art. Der hellblaue Pomander schenkt hier ein starkes Gefühl des Schutzes. Er verschafft erste sanfte Ausblicke in die Tiefe (zum Beispiel der Seele). Er stärkt das Verantwortungsbewusstsein und die Toleranz. Wenn es um Lösungen geht, bedarf es in der Regel unserer inneren Erlaubnis, damit sich etwas lösen darf, und dafür ist es erforderlich, dass wir eine Lösung für möglich halten. Es mag banal klingen, aber ganz häufig ist es so, dass es innere Widerstände gibt, selbst wenn das Erlösende schon an die Tür geklopft hat.

Der Spielraum des hellblauen Pomanders reicht vom Ohr bis zur Schilddrüse. Er hilft bei Schluckproblemen körperlicher und seelischer Art, denn alles, was wir nicht wirklich schlucken können, kann uns wie ein energetischer Knoten im Hals hängen bleiben. Er entlastet schmerzende Schultern bei Täuschungen und Enttäuschungen und wirkt auf unsere Schulter und Nackenpartie, um die Geschehnisse erträglicher werden zu lassen.

KÖRPERLICHE ANWENDUNG

Wohltuend erleichternd bei Nacken- und Schulterproblemen, bei Muskelverspannungen und Schiefhals. Der Pomander hilft bei allen Arten von Schluckproblemen (auch Alkohol) und bei Ohr- und Hörproblemen, so auch der Symptomenbereich der Ohrgeräusche (Tinnitus, Morbus Meniére); bei allen Sprachschwierigkeiten, vom Stottern bis hin zum *Globus hys-*

tericus für Sänger und Sängerinnen. Bei Problemen mit der Schilddrüsenfunktion, bei Entzündungen, Zysten, Knoten, Über- oder Unterfunktion empfiehlt sich seine Anwendung ebenfalls.

KÖNIGSBLAUER POMANDER

Der tief dunkelblaue Pomander duftet süß nach Wald. Seine ätherischen Öle stammen vom Maiglöckchen und von der blauen Kamille. Seine Edelsteinenergien wurden dem Fluorit und dem Lapislazuli entnommen. Seine Hauptwirkung richtet sich auf das sechste Chakra, das Stirn-Chakra oder das „Dritte Auge", das nach innen sieht. Hier geht es gleichermaßen um Einsichten wie um Aussichten. Es fördert sehr Vertrauen. Das Königsblau hat etwas „Königliches", was mit Würde und Autorität in Verbindung steht, mit echtem Mitgefühl und dem Dienst für andere. Dieser Pomander begleitet heilsam schwierige Auseinandersetzungen mit Autoritäten oder Schwierigkeiten in Vater/Mutter-Themen.

Er wirkt auf das *übergeordnete Kontrollzentrum*, in dem die Auswertung aller Wahrnehmungen aus der Innen- und Außenwelt stattfindet. Er hilft bei innerer und äußerer Orientierung und fördert ein gesundes Gleichgewicht. Der Kopf ist eine Austauschzentrale für Geist und Körper. Hier geschieht die so genannte Homöostase, durch die das regulierende Hormon- und Nervensystem die innere Balance erhält. Der königsblaue Pomander wirkt kühlend und distanzierend, lässt so einen Überblick gewinnen und die Dinge einmal aus einem Abstand und einem anderen Blickwinkel sehen. So schenkt er Klärung unserer Gedanken, innere Ruhe und Gelassenheit. Er intensiviert das Wahrnehmungsvermögen. Er bringt uns bewusstseinserweiternd mit unseren Identifikationen und ihren Lösungen in Kontakt. Unsere spirituelle Verbundenheit wird offenbar, unser *All-eins-sein*. Er begleitet die Auseinandersetzungen mit Trennungen und der vermeintlichen Einsamkeit, unterstützt das wachsende Verstehen, dass Trennungen im Äußeren manchmal notwendig sind, um wieder mit sich selbst eins zu werden. Trennungen vom großen Ganzen sind letztendlich Illusion.

Der königsblaue Pomander nährt den inneren Frieden, selbst *in* oder gerade *durch* die Zielrichtung unserer Kräfte. Insofern ist er eine Meditationshilfe, wenn wir bereit sind, in die Tiefe zu gehen. Dazu klärt er nicht nur unsere Gedanken und die vielen dem Nervensystem zugeführten Reize und Informationen, sondern lädt auch dazu ein, Frieden einkehren zu lassen. Je eher und tiefer wir diesen Frieden spüren, erweitern und vertiefen können, um so leichter werden sich auch Verspannungen lösen. Aus dem „machenwollen" entwickelt sich ein „machen oder lassen können". Es entsteht eine echte, friedvolle Kommunikation. Wahre Verständigung ist immer auch ein Streben nach Beziehung im Sinne eines Miteinanders, in dem alle Gewinner sind. Verlierer gibt es dann nicht mehr.

Der königsblaue Pomander klärt und bereichert die Sinne, Farben werden intensiver, und das Erleben gewinnt an Klarheit und Schärfe. Dies wiederum steigert die Freude am gegenwärtigen Leben und lässt präsenter sein. Es bedeutet, im Hier und Jetzt zu leben.

KÖRPERLICHE ANWENDUNG

Bei allen Arten von Kopfschmerzen, Migräne, Überforderungen und Überreizungen jeder Art, wenn man „den Kopf voll hat". In allen akuten Entzündungsstadien wirkt der Pomander kühlend.

VIOLETTER POMANDER

Der zart violette Pomander duftet nach Veilchen, seine ätherischen Öle entstammen den Veilchen, der Rose, der Rosengeranie und dem Lavendel. Seine Edelsteinenergien sind die des Amethysts, des Diamants und des Bergkristalls. Seine Hauptwirkung richtet sich auf das siebte Chakra – das Kronen-Chakra. Wie ein Lichtkelch ist es zum Geistigen hin geöffnet. Der violette Pomander hat daher auch eine Schutzfunktion bei großer innerer Öffnung.

Er nährt unsere wahre Religiosität – unsere *Rückverbindung zu Gott*, zum *geistigen Ursprung* – und fördert den *Wiederan-*

schluss an das Verlassene. Violett unterstützt die *Sinnfindung des Lebens,* das Leben wird im Wissen, dass der Himmel auf Erden ist, zum echten, freudvollen Dienen. Dieser Pomander konfrontiert uns mit unseren Grenzen aus einer geistigen Sicht heraus. Es geht darum, sich der eigenen Grenzen bewusst zu werden, sie einerseits zu respektieren und sie andererseits zu erweitern und Neues auszuloten.

Violett schenkt heilsame Gelassenheit und innere Sicherheit. Es lässt uns bewusster in der geistigen Selbst-Entwicklung werden und erkennen, wenn wir uns wieder einmal auf einem Ego-Trip befinden. In der violetten Farbe liegt der Schlüssel zur Energie für wahre Transformation, zum Erwachen zur eigenen Spiritualität.

Der violette Pomander stellt immer wieder die Verbindung zu unserem höheren Selbst her, zu unserer inneren Stimme oder unserem inneren Meister. Im violetten Lichtstrahl überwinden wir in rechter Selbsteinschätzung eigene Grenzen. Er schenkt *Einblicke und Ausblicke*. Violett vermittelt tiefe Ruhe und wahren inneren Frieden. Er ist der beruhigendste von allen Pomandern, wie ein Tropfen Wasser, der ins Meer nach Hause kommt. Sein Wirkungsspektrum reicht von tiefer Geborgenheit bis hin zur zielgerichteten Disziplin.

KÖRPERLICHE ANWENDUNG

Bei allen Suchtthemen, bei der Orientierungssuche, bei chronischen Leiden, Krankheiten des Nervensystems und schweren Depressionen mit Selbstmordgedanken. Der Pomander hilft bei Unruhezuständen, Nervosität, Überheblichkeit und Rastlosigkeit.

MAGENTA POMANDER

Der sehr dunkle, aus tiefem Rot und Blau erstellte Pomander duftet fruchtig und erfrischend. Seine ätherischen Öle entstammen dem Lavendel und dem Olibanum. Seine Edelsteinenergien sind die des Amethysts, des Granats, des Rubins und des Sugilits. Tiefes Rot und kräftiges Blau begegnen und verbinden sich – die dichte Materie und das spirituelle Wissen.

Der magenta Pomander wirkt auf den Raum jenseits der Worte, so wie er mit dem achten Chakra wirkt, das außerhalb unseres Körpers liegt. Er symbolisiert *liebevolle Verbindung von Geist und Materie.* Alles ist in allem und eins. Er bringt uns das Symbol des Lebensbaumes in unser Bewusstsein; es gilt, die festen Wurzeln gleichermaßen zu schätzen wie die luftige Baumkrone. Er nährt auf allen Ebenen, so dass wir das Ganze erfassen und unsere irdische Realität ebenso lieben wie die spirituelle Entwicklung. Ein Mensch, der sich in der Magenta-Farbe geborgen fühlt, ist jemand, der seine Liebe, sein Wissen und seine Sorgfalt auch in die kleinsten alltäglichen Dinge hineingibt. Magenta nährt die Hoffnung auf eine gesunde Zukunft, in der achtsame und liebevolle Kooperation kein Fremdwort ist.

KÖRPERLICHE ANWENDUNG

Wenn Gegensätze miteinander verbunden werden müssen und wenn neue Lebenszyklen begonnen werden.

PINK POMANDER

Der zart rosa Pomander duftet blumig und süß, sein ätherisches Öl stammt aus der Rosengeranie. Seine Edelsteinenergien sind die des Rosenquarzes, des rosa Turmalins und des Morganits. Seine Hauptwirkung richtet sich auf *die Liebe in ihren schönsten und intensivsten Formen* und somit eindeutig auf das Herz-Chakra. Er geht über dessen körperliche Grenze weit hinaus und betrifft die gebende und loslassende Qualität auf allen geistigen Ebenen. Der pink Pomander unterstützt das Frei-werden und Frei-sein von Projektionen. Er schützt unsere Aura, wenn wir uns der Liebe öffnen, ihrer Weichheit und Sanftheit. Er schützt auch vor gestauten Emotionen und Aggressionen anderer, nämlich dann, wenn wir selbst zur *Projektionsfläche* werden. Dass die Menschen sich im Leben gegenseitig *Spiegel* sind, kann mit dem pink Pomander immer klarer und konkreter erlebbar werden. Er lehrt die nötige Achtsamkeit sowie den Umgang mit konstruktiver und aufbauender Kritik.

Er schenkt Entspannung in aufgeladenen Situationen, zum Beispiel in Zweiergesprächen und Gruppenprozessen. Der pink Pomander ist *eine Brücke zur universellen Liebe, zur wahren, selbstlosen Liebe.* Er öffnet für neue Dimensionen und ermöglicht es, *die Fülle der Liebe zuzulassen.* Er verströmt Wellen der Zärtlichkeit, der Fürsorge und Wärme, die uns schon einmal schmerzen kann, gerade dann, wenn man sie als Kind oder in anderen Entwicklungsphasen vermisst hat. In der Energie des pink Pomanders kann das Herz nicht verschlossen bleiben; denn Sanftheit und Zärtlichkeit sind die stärksten Mächte. Die pink-farbene Energie ist wie eine Brücke zur universellen Liebe.

KÖRPERLICHE ANWENDUNG

Bei allen Problemen, die mit Geben und Loslassen verbunden sind; bei Aggressionen und während psychotherapeutischer Behandlungen, in denen tiefe Einsichten zu verarbeiten sind. Bei schwierigen Gruppengesprächen ist es eine wunderbare Unterstützung, das pinkfarbene Raumspray zu versprühen. Bei allen Formen von Ängsten, die mit der Liebe verbunden sind.

WEISSER POMANDER

Bei den Pomandern kann der klare (oder weiße) den Wert einer mitbenutzten Essenz verstärken. Der klar aussehende Pomander in der weißen Flasche duftet etwas „medizinisch" und stimulierend, seine ätherischen Öle kommen von Kajeput und Lorbeer. Seine Edelsteinenergien entstammen dem Morganit, dem Bergkristall und dem Selenit. Der klare Pomander enthält alle sichtbaren und unsichtbaren Farben, das *ganze Regenbogenspektrum.* Er umfasst *die Fülle des Möglichen,* somit das ganze Potenzial aller Möglichkeiten. Er *öffnet* das ganze Spektrum des Lebens. Vicky Wall definierte Klar auch als die *Quelle der ungeweinten Tränen.* Es ist eine Verbindung zu den menschlichen Leiden und deren Ursachen. Solche Quellen der Leiden sind: „Zu bekommen, was wir nicht wollen"; „zu wollen, was wir nicht haben können" und „zwischen beiden nicht unterscheiden zu können oder nicht zu wissen, was man will und nicht will".

Der klare Pomander ist *der intensivst Schützende* – und deshalb auch so wertvoll bei allen Herausforderungen. Er schützt nicht nur die feinstofflichen Hüllen und Ebenen, sondern hilft auch bei konkreten Verletzungsfolgen von außen, zum Beispiel bei giftigen Gasen durch eine Umweltkatastrophe. Er ist eine Quelle von Ruhe und Entspannung und verhilft zum inneren Ausgleich.

KÖRPERLICHE ANWENDUNG

Bei allen Eingriffen und Überreizungen, auch bei Insektenstichen und bei Allergien. Er ist empfehlenswert, wenn man sich nicht für eine Farbe entscheiden kann.

DIE MEISTERQUINTESSENZEN

Begleiter auf dem spirituellen Weg

Vicky Wall erhielt den Auftrag, den Essenzen der Pomander eine weitere Energie hinzuzufügen – die Botschaften der *aufgestiegenen Meister*. Auch die Namen der Meister erhielt sie auf mentalem Weg. Der Begriff *aufgestiegene Meister* bedarf noch einer Erläuterung. Mit *aufgestiegen* ist nicht abgehoben oder unerreichbar gemeint. Es erscheint hilfreich, sich die aufgestiegenen Meister, die uns als Vorbild womöglich unerreichbar erscheinen, wie Energiefelder vorzustellen, in deren Netz wir uns einschwingen können.

Wie es im menschlichen Bewusstsein den inneren Meister gibt, so gibt es auch *äußere Meister*, die uns ganz real in der Außenwelt begegnen. Innere und äußere Meister stehen *in Resonanz* miteinander, sie korrespondieren in ihren verschiedenen Energiequalitäten. Der Dalai Lama ist ein solcher äußerer Meister. Er lehrt uns in seiner Verkörperung die absolute Gewaltlosigkeit und eine liebevolle Disziplin. Wesentlich bei äußeren Meistern und Lebenslehrern ist, dass wahre Meister *aus Abhängigkeiten heraus* und nicht hinein führen.

Wenn man eine Meisteressenz als Quintessenz oder Raumspray in die Aura einbringt oder als Equilibrium auf die Haut des Körpers aufträgt, erscheint dieser Meister nicht wie in der Geschichte Aladins mit der Wunderlampe. Wenn man sich in Kontakt mit dieser Energie bringt, dann *öffnet man sich* für die Botschaften und das Wissen des entsprechenden Meisters. Alles ist in allem enthalten. Das geistige Gesetz der Resonanz durchdringt alles. Die Energien und Weisheiten des Christus oder von El Morya und all den anderen auf dem Planeten Erde verankerten Meister sind *in uns* und *um uns.* Sie sind multidimensional, zur gleichen Zeit an allen Orten. Im Prinzip sind diese Essenzen *Er-inner-ungen* an die verwirklichten und erlösten Kräfte in uns selbst, auf die wir manchmal nicht vertrauen, ja sie sogar leugnen.

Die äußeren Meister stehen *nicht zwischen* dem Menschen und Gott, sondern Gott zeigt sich uns über die Meister in verschiedenen Facetten. Wir müssen allerdings nicht erst alle Meisterstufen erreicht haben, bevor wir Gott erfahren können. Wir begegnen Gott auf direktem Weg durch unser Herz. *Die wahren äußeren Meister sind nicht als Vorbilder da, damit wir werden wie sie, sondern sie sind ein Vorbild dafür, wie sie in Hingabe und Herzensliebe "ihre" Quelle in sich gefunden haben und sie leben. Die höchste Wahrheit lautet, dass nichts außerhalb von uns liegt, es befindet sich alles in uns!*

Wir Menschen haben oft Vorbilder und wünschen uns vielleicht so manches Mal, jemand anderer zu sein. Wir spielen Rollen und verlieren unsere wirkliche Identität. Die Aura-Soma-Meisteressenzen unterstützen uns darin, *das zu werden, was wir im Inneren sind.*

Auf dem Weg der persönlichen Meisterschaft erfahren wir uns in Siegen ebenso wie in Niederlagen, in Prüfungen oder in Einweihungen. Die wesentlichen Einweihungen geschehen oft im alltäglichen Leben; sie bedeuten auch heute noch, einen Schritt in das bisher nicht Bekannte zu tun.

Der große Sufi-Meister Hazrat Inayat Khan beschreibt Einweihungen als: „Mit Mut und Hoffnung einen ersten Schritt nach vorne zu tun, in einen bisher nicht betretenen Raum."

Unser innerer Meister sowie die äußeren Meister in den Aura-Soma-Meisteressenzen und Equilibrien unterstützen uns und festigen unsere Schritte, wenn wir Neuland betreten. Sie bieten uns den Schlüssel an, damit wir ein neues, erweitertes Haus des Bewusstseins aufschließen können. Wobei auch dieses Bild vom Haus des Bewusstseins mit eventuell verschlossenen Türen nur ein Hilfsbild im Verständnis ist. Diese verschlossenen Türen, unbetretene oder ungenutzte Räume, sind nichts anderes als unsere gedanklichen Widerstände oder gefühlsmäßigen Prägungen, die durch die freiwerdende Liebe unseres Herzens aufgelöst werden können. Je mehr man sich für die Liebe von Lady Nada oder El Morya öffnen kann, um so mehr Liebe wird im Inneren frei, *die heilt*.

Wir erfahren mit den Meisteressenzen eine Kurskorrektur oder eine Ausrichtung unserer Seele. Ihre Lichtstrahlen können für uns zu *Leitstrahlen werden, an denen wir uns orientieren können*. Die Botschaften, die uns durch die Meister vermittelt werden, sind nicht nur schöne Worte, die man in der Tiefe seines Gedächtnisses ablegen sollte. Sie sind dazu da, dass wir sie in uns und in unserer Umgebung leben.

Die Auswirkungen der Meisteressenzen

Manchmal mag es passender sein, eine Behandlung mit einem Pomander zu beginnen, damit man die Botschaft des Krankseins versteht und sie nicht wiederholen muss. Bei anderen Krankheitsbildern, besonders jenen des Gemüts, kann es sein, dass man sich gleich von einer Meisteressenz angesprochen fühlt. Es muss nicht erst zu einem organischen Symptomenbild kommen. Manche nennen das „Psychohygiene".

Bei den Quintessenzen kommt es oft vor, dass zwei Namen genannt werden, ein männlicher und ein weiblicher. So wie eine Münze ihre zwei Seiten hat, die zusammengehören, versinnbildlichen diese Anteile über verschiedene Wege dennoch das Gemeinsame.

EL MORYA UND LADY MIRIAM VON CHALDÄA

Wir begegnen ihnen auf dem hellblauen Leitstrahl und im frischen blumigen Duft im Pocket und als Equilibrium B50 (Blassblau über Blassblau).

Das Verständnis der blauen Energie bezieht sich auf Qualitäten wie *Glauben und Vertrauen*. Das Hellblau steht für eine Intensivierung unseres Glaubens und Vertrauens. Diese Essenz nährt den Frieden im Inneren. Ihre Botschaft erinnert an das Einverständnis des Menschen gegenüber der Schöpferkraft, *dass Gottes Wille durch den Menschen wirke; denn sein Wille ist Liebe*. Sie beleben neben Glauben und Vertrauen auch echte Hingabe. Diese Hingabe – und das ist ein Grundthema für diese Essenz – ist die Bereitschaft, sein Leben von nun an ganz und gar in Übereinstimmung mit dem großen Ganzen zu leben. Dazu muss man sich sicher sein, was das „große Ganze" ist, welcher Autorität wir wirklich vertrauen können. Wo das Gesetz des Lichtes herrscht, löst sich die Dunkelheit auf. Wir erkennen Klarheit zwischen unserem persönlichen und dem göttlichen Willen und kommen in Harmonie mit dem höheren Willen. Wir lernen die Unterscheidung von höherem Selbst-Willen und Ego-Willen. Wenn Gott durch uns wirkt, ist nichts, auch nicht die kleinste Tat, umsonst oder nutzlos. Alles ist sinnvoll, so hilft diese Essenz in vielen Fragen, die mit Lebensaufgaben, Sinnlosigkeit, Egoismus und Selbstlosigkeit zu tun haben.

El Morya konfrontiert uns in heilsamer Weise mit Autoritäten (wie Eltern und Lehrer). Wir erkennen mit seiner Unterstützung überbewertetes Ich-Bewusstsein. Seine Motivation heißt: „Nicht mein Wille geschehe, sondern Dein Wille geschehe durch mich."

ANWENDUNG

Die Quintessenz bringt Klarheit bei Autoritätsproblemen. Sie balanciert die Schilddrüse aus und schafft Ausgleich bei emotionalen Extremen. Sie löst Blockaden auf, besonders solche, die mit Sprache und Sprechen zu tun haben, speziell im Bereich des Kehlkopfes und des Hals-Chakras.

KUTHUMI

Wir begegnen ihm im blassgoldenen Leitstrahl und im blumigen Duft im Pocket sowie als Equilibrium B51 (Hellgelb über Hellgelb).

Kuthumis Botschaft erinnert an die tiefe Weisheit, dass *alles Geschaffene, ob Mineral, Pflanze, Tier, Mensch oder Geistwesen,* ein *Bewusstsein hat.* Die verschiedenen Ebenen des

Bewusstseins kommunizieren miteinander. Diese Quintessenz dient der Erkenntnis der Verbundenheit in Liebe zwischen den verschiedenen Reichen. Sie lehrt uns Gemeinsamkeiten, ein Gefühl der Zusammengehörigkeit, echte Verbundenheit und wahres Eins-Sein. Ihre Kraft liegt im Mitgefühl mit allem!

Durch die Kuthumi-Energie mildern wir Ängste vor etwas *Fremdem*, denn es gibt letztendlich nichts außerhalb von uns selbst. Wo auch immer wir hingehen, wir begegnen immer nur uns selbst. Weitere Qualitäten dieser Essenz sind Leichtigkeit und herzlicher Humor. Wenn ich meine persönlichen Situationen einmal etwas „kosmischer“ und aus einem gewissen Abstand betrachte und über mich selbst lachen kann, nehme ich den Situationen ihre übertriebene Spannung, und neue Handlungsmöglichkeiten können sich zeigen. Herzhaftes Lachen kann zur Massage der inneren Organe werden und damit eine Menge Spannungen erlösen. Durch eine heitere Sicht auf Schwierigkeiten ergibt sich oft eine heilsame Flexibilität.

Kuthumi steht in Verbindung zu Franz von Assisi (Er kommunizierte mit Vögeln und Tieren und empfand Verbundenheit mit allem Leben.) und zu Maitreya (dem Buddha des Mitgefühls). Seine Motivation heißt: „Sei dankbar gegenüber allem Lebendigen.“

ANWENDUNG

Speziell im Solarplexus-Bereich, dem dritten Chakra; bei Angst vor Fremdem, Angst vor Trennungen und Isolationsgefühlen. Bei Freudlosigkeit und bei chronischen Hautleiden (wenn Ekelgefühle und Widerstände Ursachen sind). Hilfreich auch bei Magersucht und anderen Essstörungen (Probleme und Widerstände mit der Aufnahme von Nahrung).

LADY NADA

Wir begegnen ihr im rosa Leitstrahl und im Duft nach Rosen im Pocket und als Equilibrium B52 (Hellpink über Hellpink).

Lady Nada ist die Gefährtin des Christus. Sie ist eine Meisterin des Herzens. Ihre Botschaft erinnert uns an die *bedingungslo-*

se Liebe. Die reine Liebe ist das Wissen, das im Herzen zur Weisheit wird. Wenn wir die Farbe rot als manifeste Liebe sehen, die noch an Bedingungen geknüpft ist, kann man im zarten Pink den Abstand erkennen. Das kann innerer Abstand, Selbstakzeptanz und das Erwachen der bedingungslosen Liebe sein, die frei oder transformiert von Bedingungen ist. In ihrer Anwesenheit ergeben sich Harmonie und Ausgeglichenheit für innere und äußere Beziehungen sowie der Ausgleich von männlichen und weiblichen Anteilen. Sie tröstet, heilt und lehrt gesunde Fürsorge und erlöst uns vom Helfersyndrom. Ihre Qualitäten sind Mitgefühl, Annahme, Geborgenheit und heilender Schutz. Lady Nada ist verbunden mit Maria, der Göttlichen Mutter. Ihre Motivation heißt: Ich liebe mich so, wie ich bin. Ich möchte in Freiheit lieben und geliebt werden.

Das Sanskrit-Wort Nada bedeutet Klang – heiliger Klang als der Klang der Stille oder der tonlose Ton. Hier besteht die Verknüpfung zur heiligen Silbe OM, die den Anfang und das Ende symbolisiert und alles, was dazwischen ist. Mit Lady Nada verbunden zu sein, kann bedeuten, den inneren Ton zu erwecken.

ANWENDUNG

Bei Problemen in der Liebesfähigkeit, bei der Entwicklung der Selbstliebe und bei der Verarbeitung von Missbrauch in den verschiedensten Facetten, vom körperlichen bis zum psychischen Missbrauch (die Opfer sind oft überzeugt, sie seinen unwürdig, geliebt zu werden). Auch bei hormonellem Ungleichgewicht und bei der Aussöhnung mit der Rolle als Frau. Daher auch hilfreich bei Problemen der Menstruation und im Klimakterium.

HILARION

Wir begegnen Hilarion im hellgrünen Leitstrahl und im Duft der Natur im Pocket und als Equilibrium B53 (Hellgrün über Hellgrün).

Seine Botschaft erinnert an den Bibelsatz: *Der Weg, die*

Wahrheit und das Leben. Seine Lehre übermittelt er in aller Stille, Ruhe und Frieden. In seiner Anwesenheit erfahren wir Befreiung von äußerem und innerem Betrug (Wahrheit durchströmt alles Sein). Er schafft Raum für die Freiheit, in dem die Wahrheit atmen kann. Er repräsentiert den intensiven Wahrheitssucher.

Hilarion fördert die Selbsterkenntnis, um jederzeit mit Körper und Seele eins zu sein und Entscheidungen im inneren Frieden mit sich selbst zu treffen. Seine Energie unterstützt Klärung, damit Täuschungen und Einschränkungen losgelassen werden, um einen inspirierten Pfad zu finden und dem zu folgen, was wahr ist im Leben. Menschen, die sich mit dem Energiefeld von Hilarion verbunden fühlen, wissen, was sie tun. Jederzeit. Es sind Menschen, die einen ruhigen, ausgeglichenen Atemrhythmus haben. Die Atmung ist das Symbol für den Austausch von innen und außen. Mit dem Ausdehnen der Lungen nehmen wir uns Raum zum Leben. Auch Wahrheit braucht Raum.

Lügen und Betrug schaffen Distanz, Wahrheit schafft Nähe und hält die Verbindung. Hilarions Weg ist der Pfad der wahrhaften Selbst-Verwirklichung. Er lehrt uns, dass das Herz aller Religionen die Religion des Herzens ist. Seine Motivation heißt: Möge die Erde deine Schmiede sein, das Wasser dein Spiegel, möge das Feuer deine Zuversicht sein und die Luft deine Nahrung. Er ist ein Tröster der Seele und sieht der Wahrheit ins Gesicht – ohne Verbitterung und ohne Erwartung, ganz natürlich. Seine Motivation lautet: Ich finde, wo für mich die Wahrheit liegt.

ANWENDUNG

Lindert alle Beschwerden in der Brust, besonders Asthma und einengende Bronchitiden. Ist hilfreich bei innerer Ruhelosigkeit und um Vertrauen in sich selbst wiederzufinden. Diese Essenz fördert die Beobachtungsgabe, um die kosmischen Gesetze zu verstehen. Sie ist für intensive Wahrheitssucher.

SERAPIS BEY

Wir begegnen Serapis Bey im klaren, weißen Leitstrahl und im stark würzigen Duft im Pocket und als Equilibrium B54 (Klar über Klar).

Seine Botschaft erinnert an die *Reinigung auf allen Ebenen,* damit wir unbelastet von Altem neue Schritte auf unserem Lebensweg gehen können. In seiner Anwesenheit werden wir zum Loslassen von Überholtem ermuntert und gewinnen Mut zu jeder Form von Neuanfang. Serapis Bey unterstützt uns, die *Spinnweben der Vergangenheit* zu beseitigen. Wenn wir mit uns selbst im *Klaren* sind, erfahren wir wesentliche Erleichterungen. Es gilt auch, klar in den Absichten zu werden, denn die Kraft des Wirkens beginnt in der Motivation.

Viele der Worte und Botschafter der Sufi-Dichter, die den Weg des Herzens gehen, könnten Inspirationen von Serapis Bey sein. Es ist vor allem die Idee der Hingabe, welche die Schlacke unseres Seins verbrennen kann, ähnlich dem Bild des Phönix, der die Taufe des Feuers zu neuem Leben nutzt und immer wieder neu aus seiner Asche entsteht. Wenn die niederen Dinge verbrannt sind, ist es möglich, zu einem höheren – oder tieferen – Verständnis zu gelangen. Bei Serapis Bey geht es um reinigende und tiefgreifende Prozesse.

Er schenkt uns Be-sonnen-heit und klare Zielrichtung. Serapis Bey begleitet alle *Rainbow-Warrior,* die friedvollen Kämpfer im Licht und für das Licht. Dieser Ausdruck von Vicky Wall bezeichnet einen Menschen, der das Potenzial und die Kraft besitzt, den *Regenbogen in sich zu erwecken,* also die Energiezentren im eigenen Körper in Balance zu bringen und zur vollen Verfügung zu haben. Sein Leitmotiv heißt: *Ob ich lache oder weine, ich sehe den Regenbogen in meinen Tränen.*

Er hat Bezug zum Phantomkristall, das ist ein Kristall, in dem immer wieder neue Wachstumsstufen erkennbar sind. Serapis Bey ist in Verbindung zu den Seraphim, der höchsten Stufe der Engel-Hierarchie (*Seraph* (hebr.) bedeutet Licht). Mit ihm erleben wir den Aufstieg zum Höchsten durch die Reinigung der feinen Körper, man könnte von *karmischer Absolution* sprechen. Meister Serapis Bey schenkt wahres Verständnis aller Konflikte, Schmerzen und Leiden. Seine Motivation heißt: *Das Leben zu lernen, heißt loslassen zu lernen.*

Vicky Wall sagte über *Serapis Bey*, dass diese Essenz zu den machtvollsten im ganzen Spektrum gehöre. Es sei empfehlenswert, sie entweder mit einer Pink-Kombination oder einem anderen Helfer anzuwenden. Wird das *Klar* allein eingesetzt, können die Dinge, die zur Bearbeitung sichtbar werden, sich als sehr heftig zeigen. Die Prozesse mit Pink zu ergänzen, bedeutet auf ein wenig mehr Fürsorge, Unterstützung und die Möglichkeit der Selbstakzeptanz zu achten. Im Equilibrium B11, (I. Essener Flasche) zeigt sich Klar über Pink – *eine Kette aus Blüten*. Hier geht es genau um diese Herausforderung, emotional loszulassen von konditionierten Mustern und Vergangenem, um den Weg freizumachen für neue Lebensenergien. Es bedeutet, selbst bedingungslose Liebe zu schenken und diese Liebe für sich und andere in einer fürsorglichen Weise zu leben. Im Equilibrium B71 zeigen sich Pink über Klar, es ist die II. Essener Flasche mit dem Namen *Das Juwel im Lotos*. Sie bringt Liebe durch das Loslassen von Schwierigkeiten, Frustration und Groll. Das Licht erscheint von innen, um das Potenzial von Liebe und Mitgefühl unter diesen Umständen zu erleuchten.

Bei allen schweren Herausforderungen im Leben entstehen sicherlich Schlacken, die im Feuer der Klarheit verbrannt werden können/sollen/dürfen. So zum Beispiel in der Regeneration nach großen Operationen, bei denen durch Einschnitte Narben entstanden sind. In der Nachbehandlung von körperlichen oder seelischen Narben sind viele Pomander und auch Quintessenzen hilfreich, denn es gibt nach solchen Ein-schnitten immer ein sinnvolles psychisches Nacharbeiten.

ANWENDUNG

Während und nach Fastenkuren und während Psychotherapien (wenn Altes wirklich gelöst werden darf). Bei Reinigungsarbeiten jeder Art und bei Narbennachbehandlungen. Für Neubeginne jeder Art, ob Einschulung, eine neue Arbeitsstelle, eine neue Beziehung oder nach einem Wohnungs- oder Ortwechsel, ist Serapis Bey überaus hilfreich.

CHRISTUS

Wir begegnen der Christus-Energie im tief roten Leitstrahl und im würzigen Duft im Pocket und als Equilibrium B55 (Klar über Rot).

Seine Botschaft erinnert an die *erlösende Liebe*. Durch das tiefe Rot, das die Erde symbolisiert, zeigt sich das Göttliche in der Inkarnation. Sie repräsentiert das Licht auf der irdischen Ebene und damit die energetischen Kraftfelder von Erlösung, Vergebung und Versöhnung, die die Polaritäten in uns vereinen. Die Christus-Energie hilft, Wut, Frustration und Groll loszulassen, damit Licht und Inspiration eintreten können. Sie fördert die Leidenschaft, um über das Gewöhnliche hinauszugehen und das Außergewöhnliche zu erforschen.

Wenn wir die Farben dieser Kombination verschütteln, erhalten wir Pink, eine Energie, die *Lady Nada* ähnlich ist. Hier drückt sich Liebe in einer Form aus, die mit den Energiefeldern der Erde verbunden ist und vielleicht die Antwort darauf ist, warum wir uns entscheiden, als Menschenwesen auf die Erde zu kommen. Das Leben als Erdenmensch erleben zu können, wurde schon als eine der gewaltigsten und ungewöhnlichsten Gelegenheiten bezeichnet, die es gibt. Die Christus-Energie kann uns helfen, das Licht im Verhältnis zur Erde zu verstehen, so dass wir uns versöhnen können mit dem, was uns an die Erde bindet und uns immer wieder in die Inkarnation zieht.

Das energetische Kraftfeld der Christus-Energie lehrt uns die Gleichstellung von männlichen und weiblichen Fähigkeiten und zeigt uns die wahre Form des Dienens und der Hingabe auf. In der tiefsten Ver*ein*igung geschieht die Loslösung aus der Dualität. Hier liegt auch die Herausforderung, um uns nicht zu sehr in unserem Verlangen zu verstricken und ins Licht zurückzukehren – auch innerhalb unserer Inkarnation in uns selbst. Es ist wichtig, dass wir weder zu sehr an das Materielle gebunden sind noch ständig ins Licht zurückkehren wollen. Wir üben die Balance zwischen diesen beiden machtvollen Kräften. In der Anwesenheit der Christus-Energie erfahren wir selbstlose Liebe in reinster Form.

Durch diese Quintessenz wird das Christus-Bewusstsein in den Menschen geweckt und gestärkt. In seiner Nächstenliebe ist der Christus *der stärkste karmische Heiler*. Seine Bereitschaft, bei uns zu sein, bedeutet die Verwirklichung des Ich-bin-Prinzips. Es erfordert immer wieder eine innere Kraft, um zu leben und auszusprechen: „Ja, ich bin.... Ja, ich bin eine unerschöpfliche Quelle... Ja, ich bin Liebe... Ja, ich bin Licht." Er ist *der* Lichtbringer. Das Erwachen des Christus in jedem von uns ist die tiefste Herausforderung des Wassermann-Zeitalters. Die wahrhaft gelebte Nächstenliebe fordert jeden einzelnen Menschen hier auf der Erde, um in Liebe sagen zu können: Das Höchste in mir grüßt das Höchste in dir. Der Christus in mir grüßt den Christus in dir. Mögest du frei und glücklich sein – möge ich frei und glücklich sein. Mögest du frei von inneren und äußeren Gefahren leben, möge ich frei... Dies bedeutet, frei zu sein von allen Anhaftungen im Sinne von Verlangen und Begehren. Ein Leitsatz könnte sein: *Ich habe die Energie, um meinen Idealen zu folgen*.

ANWENDUNG

Besonders bei Beschwerden im untersten Chakra, dem Wurzel-Chakra im Beckenboden; bei Krankheiten in den Geschlechtsorganen (besonders bei schweren Leiden). Bei Identifikationsproblemen in den Rollen als Mann oder Frau; bei Sexualitätsproblemen und bei Lösungsprozessen angesichts immenser Schwierigkeiten. Auch empfehlenswert bei Frustration und Groll, bei Streitsucht (Mittel der Versöhnung) und wenn man ins Licht entfliehen will und die Chance, hier auf Erden zu sein, ablehnt.

SAINT-GERMAIN

Wir begegnen ihm im violetten Leitstrahl und im intensiven Veilchenduft im Pocket und als Equilibrium B56 (Hellviolett über Hellviolett).

Saint-Germain ist der Meisterheiler und die Inspirationsquelle aller Heiler, die im Licht und für das Licht arbeiten. Seine

Botschaft erinnert an die *Verwirklichung und Erhöhung des Ich-bin-Prinzips*. So nährt er die Suche nach höherer Wahrheit. Er ist ein vorbildlicher Meister des Denkens und der Kreativität. Er unterbricht Gedankenketten, die sich im Kreise drehen und keine Weiterentwicklung bieten. Oft ist es notwendig, sich von Selbstverleugnung und überholten, vergangenen Mustern zu verabschieden. Wenn ich aus tiefer Überzeugung und mit Vertrauen sage: „Ja, ich bin....", dann habe ich die Getrenntheit der dualen Welt überwunden. In einem vereinfachten Bild ausgedrückt, bin ich die Mitte der Waage, also der Waagebalken, und nicht eine der Waagschalen, die im Leben einmal rauf und einmal runter schaukeln. Dann verstehe ich, dass es kollektive Geschehnisse und Sachzwänge gibt, aber dass ich sie nicht *bin*.

Er steht am *Tor des Himmels*, von wo aus Vergangenheit, Gegenwart und Zukunft zu einem verschmelzen. In seiner Anwesenheit erfahren wir den spirituellsten Aspekt des Seins, und zwar echte Spiritualität, indem die Vergangenheit wirklich bearbeitet ist und nicht noch Altes übernommen wird.

Menschen können Leid erleben, aber sie *sind* nicht Leid, und sie müssen nicht im Leid hängenbleiben. Saint-Germain lädt uns ein, überall zu Hause sein. Er ist der Meister, der die tiefste Ruhe von allen schenkt. Tiefer Frieden und Glückseligkeit gehen von ihm aus. Lady Portia ist seine Gefährtin.

ANWENDUNG

Beim Hängenbleiben in Auseinandersetzungen. Bei Überhitzung bringt er Erholung, zum Beispiel bei Fieber (besonders bei Kindern). Diese Essenz hilft, von Übertreibungen loszukommen und wieder den Pfad zu finden, wenn man *aus der Spur geraten* ist. Sie fördert auch neue Denkansätze.

PALLAS ATHENE UND AEOLUS

Wir begegnen ihnen im pfirsichrosa farbenen Leitstrahl und im frischen, blumig süßen Duft als Pocket und als Equilibrium B57 (Hellpink über Hellblau).

Ihre Botschaften erinnern an das Aufgeben der vergangenen Muster und an die Öffnung für das Schöne und Edle in allen Dingen. In ihrer Anwesenheit erfahren wir die Verbindung von Himmel und Erde, von *Spiritualität und Alltag*. Beide verleihen sie uns Weisheit in Bezug auf Wohlstand und rechte Lebensführung. Das Materielle ist eine Form, durch die sich das Göttliche ausdrückt. Mit ihrer Hilfe intensivieren sich unsere Tiefen in allen Lebensbereichen. Sie sind mit uns in unserer Deutung der Symbolik von Träumen. Wir werden bewusster und aufmerksamer, um die Schönheit und das Edle im alltäglichen Geschehen zu erkennen, welche die Seele nähren. Sie laden uns ein, die Fülle zu erlauben. Die Motivation von Pallas Athene, der Göttin der Weisheit, heißt: Ich stamme aus mir selbst. Vertraue und finde Selbstakzeptanz, um den Heiler aus dem Inneren hervorzubringen.

Im antiken Griechenland war Aeolus ein Harfenist und Pallas Athene die Tochter von Zeus. Im ägyptischen Kulturkreis finden sich diese Energien als Echnaton und Nofretete. In beiden Umgebungen waren sie zuständig für die Liebe zur Ästhetik, für Schönheit und das ganze Traumleben. Träume sind nicht immer ästhetisch, aber im Traumleben kann Schönheit zum Vorschein kommen, auch wenn unser Verstand das anders bewertet.

Athene wurde nach der Legende aus dem Haupt des Zeus geboren, wodurch sie ihre eigene Kindheit übersprang. Das Energie-Kraftfeld von Pallas Athene und Aeolus hat auch mit Kindheitsthemen zu tun, etwa bei der Abneigung, sich mit solchen Themen zu befassen; aber auch bei Schwierigkeiten in der Kindheit selbst. Zu beachten ist auch, dass die Farbkombination B57 eine kopfstehende, intensivierte Version von B20, dem *Sternenkind*, ist. Mit Pallas Athene und Aeolus wird die Thematik der Kindheit auf andere Art und Weise als mit dem Energiefeld von Orion und Angelika angesprochen.

Mit Aeolus kommt die Qualität „seit Äonen", also seit ewiger Zeit, zum Vorschein. Das Vergangene loszulassen, ist ebenso von Bedeutung, wie das Wertvolle zu bewahren. Musik als künstlerischer Ausdruck hat sich beispielsweise in den Kulturkreisen von Jahrzehnt zu Jahrzehnt gewandelt. Kunst gab es schon immer und wird es immer in veränderter Form geben. Was ist in unserem Leben veraltet und darf gehen, was ist wert, als solches bewahrt zu werden? „Ich erinnere mich an die strahlende Schönheit in meinem Inneren. Ich lade diese Schönheit in mein Leben ein", das wäre ein Satz, den schon Pallas Athene hätte sagen können.

ANWENDUNG

Bei überkritischen, nörglerischen Zuständen von Unzufriedenheit und Depressionen. Diese Essenz inspiriert künstlerische Kreativität (Malen, Schreiben, Musik und Tanz), schafft Einklang zwischen der Gefühlsebene und der Ebene des Denkens und kann Materie gut mit einem künstlerischen Tun verbinden. Man findet immer irgendwie eine Ausdrucksform – deshalb ist sie auch hilfreich bei Sprach- oder Ausdrucksschwierigkeiten.

ORION UND ANGELIKA

Wir begegnen ihnen im hellrosa Leitstrahl und im blumig zitronigen Duft als Pocket und als Equilibrium B58 (Hellblau über Hellpink).

Orion und Angelika sind Sternensysteme, deren energetisches Kraftfeld eine ausgeprägte Schutzfunktion hat. Ihre Botschaften erinnern uns an den *geistigen Schutz während Reisen* in die inneren und äußeren Welten und in allen Wandlungsphasen. In ihrer Anwesenheit erfahren wir tiefes Vertrauen, *zur richtigen Zeit am richtigen Ort zu sein* und uns jederzeit ganz und vollständig zu fühlen.

Unser wirkliches Zuhause ist letztendlich in uns selbst. Insofern ist es gleich, wo wir uns auf der Welt aufhalten. Wenn wir den inneren Kontakt mit uns selbst beibehalten, können wir uns nirgendwo fremd fühlen. Schutz bedeutet auch, zur rechten Zeit das Richtige zu tun. Sie sind mit uns als Schutz bei Seelenwanderungen, wobei wir unser ganzes Leben als eine Seelenreise sehen können, und stellen eine wichtige Begleitung bei der Arbeit mit dem inneren Kind dar.

Gerade das Energie-Kraftfeld von Angelika fängt Unreinheiten aus dem Irdischen wie in einem Netz (ähnlich dem Bild des indianischen Traumfängers, in dem schlechte Träume des nachts hängen bleiben und sich dann im Tageslicht auflösen), und mit ihrer Liebe und ihrem Verständnis lösen sich Altes und Verbrauchtes auf. Als Unreinheiten können nicht verarbeitete Kindheitserlebnisse oder schwere Krankheitserlebnisse im Kindesalter gesehen werden. Da das innere Kind noch ganz und gar Gefühl ist, und je nach Sensitivität extreme Höhen und Tiefen empfindet, bleiben oft Erinnerungen oder Prägungen aus diesen ersten Jahren hängen – und auch dem Erwachsenen, mit ausgebildetem Verstand, kann es geschehen, dass unverarbeitete Kindheitserlebnisse große Anteile seines Alltags prägen. Eine Chance liegt daran, sich diese Kindheitsprägungen bewusst zu machen, ohne irgendjemanden deswegen verantwortlich zu machen und als erwachsener Mensch sein inneres Kind an die Hand zu nehmen und neu seine Lebenssituationen zu wählen. Bei dieser Bewusstwerdungsarbeit begleiten Orion und Angelika, denn auch diese Prozesse sind Stationen auf der Lebensreise.

Ihre Qualitäten liegen im Klären von Schutz und Sicherheitsbedürfnis einerseits und unserem damit paradoxerweise verbundenen Wunsch nach Freiheit. Manchmal sollte man sich fragen, ob man lieber seinen Schutz oder seine Freiheit riskieren will. Sie helfen uns, im Gleichgewicht zwischen Geborgenheit und Risiko zu sein. Sie unterstützen dabei, jede Unvollkommenheit aus der Erinnerung und Gefühlswelt zu lösen. Sie verkünden eine neue Morgenröte. Ein Frieden könnte möglich werden, der alles Begreifen übersteigt. Durch sie wird eine Kommunikation gefördert, die eine intensive Vereinigung von Männlichem und Weiblichem in bedingungsloser Liebe wachsen lässt. Unser Kontakt mit dem höheren Willen und unsere Selbstakzeptanz sind dazu wesentliche Bausteine. Die beiden Meisterenergien erbauen nicht nur Brücken zwischen den beiden Geschlechtern, sondern auch zwischen Materie und Geist.

ANWENDUNG

Auf „inneren und äußeren" Reisen und bei Jetlag nach Flugreisen (dazu sollte man diese Essenz vor, während und mindestens einen Tag vor dem Flug mehrmals täglich anwenden). Sie hilft Jugendlichen bei ihrer Reise in die Erwachsenenwelt (Pubertätsmittel) und ganz allgemein bei schwierigen Stationen auf der Lebensreise. Sie unterstützt bei Wandlungsphasen und lindert emotionale Krisen, besonders wenn sie mit dem männlichen oder weiblichen Rollenmodell (Vater oder Mutter) zu tun haben. Sie stärkt die Widerstandskräfte in neuen Situationen; hilft bei allen schweren Krankheiten von Kindern und stellt die Balance zwischen der oberen und der unteren Körperhälfte her.

LADY PORTIA

Wir begegnen Lady Portia im goldfarbenen Leitstrahl und im intensiv blumigen Duft im Pocket und als Equilibrium B59 (Hellgelb über Hellpink).

Dieses energetische Kraftfeld ist verwandt mit dem von Saint Germain. Lady Portia ist die Gefährtin von ihm. Hier erinnere ich noch einmal daran, dass wir uns nicht etwas Personifiziertes vorstellen sollten. Die Energie-Kraftfelder ergänzen sich, sind duale Seiten einer Sache.

Ihre energetische Botschaft erinnert an das *Aufgeben vom Beurteilen und Verurteilen* der eigenen Person und anderer. Sie ist stets bemüht, Schwierigkeiten unter den Aspekten von Gnade und Barmherzigkeit aufzulösen. Ihre Botschaft lautet ähnlich wie in der Bergpredigt: Richtet nicht, auf dass ihr nicht gerichtet werdet. In ihrer Anwesenheit erfahren wir heilsames Unterscheidungsvermögen und die daraus resultierende Gerechtigkeit. Sie lehrt uns, *wertfrei* zu beobachten und zuzuhören, sie löst Schuldgefühle und schlechtes Gewissen. Ihre Qualitäten sind Gnade, Mitgefühl und Klarheit von Beurteilungen. Wann immer wir aus dem Gleichgewicht geraten sind, hilft sie uns, wieder unsere innere Balance zu finden.

Wenn jemand sich zu dieser Essenz hingezogen fühlt, ist dies ein Anzeichen dafür, dass diese Person sich selbst sehr streng beurteilt. Vielleicht verurteilt sie sich sogar, wenn es unnötig ist. Das Problem liegt in der Tatsache, dass die Energie des sich selbst Beurteilens im Laufe der Zeit überfließen kann, so dass man schließlich auch andere beurteilt. Je mehr Fürsorge wir uns selbst tief im Inneren geben (Pink-Qualität), desto wahrscheinlicher werden wir uns vom Urteilen und Verurteilen (Gelb) lösen können. Wenn wir uns als Menschen vergleichen wollen, haben wir schon verloren, bevor wir wirklich begonnen haben. Manchmal vergessen wir, dass jeder zu jeder Zeit aus seinem jetzt zugängigen Potenzial an Möglichkeiten handelt.

So führt uns Lady Portia mehr und mehr zur Selbstakzeptanz, zu Wärme und Liebe, damit Wissen und Freude in das sich erweiternde Bewusstsein hereingelassen werden können. Genährt wird ein Erwachen zu einem neuen Verständnis.

Lady Portia hilft uns in der Bewusstwerdung des *UR-Teils*. Selbst ein Ur-Teil ist nur ein Teil des Ganzen, nie die ganze Sicht auf etwas. Sie lehrt Verständnis des Gesetzes von Ursache und Wirkung (Saat – Ernte), ohne dies zu bewerten.

ANWENDUNG

Bei Kritiksucht und wenn jemand übertrieben analytisch ist. Hilfreich im Umgang mit schlechtem Gewissen und Schuldproblemen und bei Opfer-Rollenverhalten. Viele Hautprobleme, die mit einem Zuviel an Abgrenzung zu tun haben, lassen sich bessern. Bei Übergängen wie Pubertät, dem Klimakterium, bei Mutter- oder Vaterschaft und während schwieriger Phasen im Erwachsenwerden. Auch bei Ängsten, den Erwartungen nicht zu genügen.

LAO-TSE UND KWAN-YIN

Wir begegnen ihnen im hellorange farbenen Leitstrahl und im würzigen Duft im Pocket und als Equilibrium B60 (Blau über Klar).

Hier ist es wichtig zu erwähnen, dass sich die Farben von der Equilibrium-Flasche und von der Quintessenz unterscheiden. Sie sind sogar Komplementärfarben. Der Grund liegt darin, dass diese beiden Meisterwesen oder Energiefelder in unterschiedlichen Gestalten dargestellt werden. In der Equilibrium-Flasche Blau über Klar dominiert die Energie von Lao-Tse, in der Quintessenz hingegen die Energie von Kwan-Yin.

Ihre Botschaften erinnern an die *Verbindung mit tiefer Weisheit, innerem Frieden und liebevollem Mitgefühl für alles Erschaffene*. Sie bringen uns Informationen aus vergangenen Zeiten, deren Gültigkeit noch immer besteht – das immerwährende, nie verlöschende Licht. So wie es immer wieder Quellen des Leides gibt, so gibt es gleichermaßen auch die Quellen des Friedens zum Ausgleich. Es gilt so, tiefen Frieden zu finden, dass man alles gelassen akzeptieren kann, womit das Leben einen konfrontiert. Die wachsende Klarheit von innen unterstützt die Kommunikation der Botschaft des Friedens. Beide Kraftfelder beleben in uns das grenzenlose Vertrauen, dass das Licht in unserem innersten Tempel immer währt und unzerstörbar ist.

Lao-Tse steht in Verbindung mit den chinesischen Weisheiten des Tao-te-King. Er war ein Meister der Alchemie, und jetzt begleitet er die Transformation und Transmutation von Energien im Neuen Zeitalter. Kwan-Yin, manchmal auch Kuan Yin geschrieben, galt als die Große Mutter. Sie verkörpert im Irdischen wie im Geistigen das weibliche Yin-Prinzip und galt als „Die-Kinder-Bringende". Sie lehrt uns Milde und Barmherzigkeit und ist eine weibliche Manifestation des Bodhisattvas Avalokiteshvara, der Verkörperung des universellen Mitgefühls.

Ihr energetisches Kraftfeld verleiht uns Einsichten in die Ursachen von Krankheiten beziehungsweise die Einstellungen und Fehlhaltungen, die ihnen zugrunde liegen. Wir erwachen zu einem Verständnis des Leidens, um Frieden im Gemüt und Frieden innerhalb aller unserer Wahrnehmungen zu finden.

Diese Essenz begleitet intensive Lösungs-Prozesse und stärkt unsere Echtheit und Authentizität, um sich nicht mehr zu verstellen oder irgendjemanden zu imitieren, sondern seinem Selbst so tief zu vertrauen, dass sich jeder lähmende, kraftraubende Zweifel auflöst. Das Licht erscheint von innen, und in seiner Folge entsteht Frieden im bewussten Denken.

ANWENDUNG

Da sie besonders das Kehlkopf-Chakra anspricht, hat diese Essenz eine starke Wirkung auf alle Arten von Sprachblockaden, bringt Frieden und Gelassenheit, wirkt bewusstseinserweiternd und stärkt das Vertrauen bei Unruhe und Nervosität. Sie unterstützt Angstfreiheit bei Schüchternheiten. Auch bei Schwierigkeiten in der Fruchtbarkeit erweist sich diese Quintessenz als hilfreich.

SANAT KUMARA UND LADY VENUS KUMARA

Wir begegnen ihnen in dem helltopasen Leitstrahl und im erfrischenden, würzigen Duft im Pocket und als Equilibrium B61 (Hellpink über Hellgelb).

Sie beide leiten die zwölf Leitstrahlen der Heilung. Ihre Botschaft erinnert an das kosmische Prinzip *„Wie oben so unten"*. Die *höchste Liebe, die die Erde berührt.* Der Sanat Kumara überwacht das harmonische Zusammenspiel aller Meister. In ihrer Anwesenheit lernen wir, das Leben und die Herausforderungen als Wachstumsprozess zu erkennen. Sie sind mit uns, wenn wir uns auf veränderte Situationen einstellen müssen. Ihre Qualitäten sind reine, selbstlose Liebe, die Kräfte der Heilung, unendliche Geborgenheit und Wohlwollen.

Im energetischen Kraftfeld von Sanat Kumara und Lady Venus Kumara gibt es keine Schuldzuweisungen über das Vergangene, sondern einzig und allein das Jetzt und den aktuellen Prozess von Verständnis, Einsicht und Wandel.

Sanat Kumara und Lady Venus Kumara stehen für die Archetypen Vater und Mutter, damit verkörpern sie die elementarsten Rollenmodelle für die männlichen und weiblichen Energien im Menschen. Das gilt im Erleben mit den eigenen Eltern und den damit verknüpften Prägungen ebenso wie mit der eigenen Elternschaft. Die Eltern-Kind-Beziehung ist immer ein Abhängigkeitsverhältnis, zumindest im Anfang, deshalb unterstützt dieses Energiefeld den Prozess, sich der Abhängigkeiten bewusst zu werden und sich auch von ihnen zu lösen. „Eltern zu sein, ist ein Spiel, das man nie gewinnt“, drückt ein weiser Spruch aus. Die Fehler (wenn es denn Fehler gibt), die man als Eltern selbst vermeiden wollte, weil man sie in einer anderen Weise selbst erlebt hatte, werden zu neuen, anderen. Die Thematik der Trennung von den Eltern, zum Beispiel wegen Adoption oder früher Scheidung, lässt oft in irgendeiner Form das Bewusstsein eines Mangels entstehen, der auf verschiedenste Weise nach Kompensation sucht.

Durch das energetische Kraftfeld der Kumaras ist eine Heilung der männlichen und weiblichen Rollenmodelle auf der tiefsten Ebene möglich und ein Erwachen zu Freude und Glück durch Liebe, Fürsorge und Wärme. Eine Affirmation hierzu könnte sein: *Ich lerne und wachse durch die Schwierigkeiten des Lebens*.

Wenn ich als Kind Mangel erlebte, was kann ich jetzt als Erwachsener tun, um Fülle zu erleben. Wir haben gegenwärtig die Schwierigkeiten, dass Männer- und Frauenrollen neu definiert werden müssen. Das bringt eine Reihe von Turbulenzen in bestehende Paarbeziehungen, bis hin zu einer Vielzahl von Trennungen. Oft ist es hilfreich, dass sich die Betroffenen erst einmal auf sich selbst besinnen und zurückzuziehen, um sich in dem neuen Zustand oder der veränderten Rolle selbst zu finden und zu spüren. Innerhalb der bestehenden Muster ist das eine enorme Herausforderung und Verunsicherung.

Durch Verschüttelung der Farben in der Equilibrium-Flasche erhält man ein helles Korall, was als Hinweis gelten kann, dass es im energetischen Gesamtbild auch die Möglichkeiten von Missbrauchssituationen gibt. Zugleich vermittelt die Farbe Koralle den Zugang zu einem neuen Bewusstsein.

Lady Venus Kumara ist ein sehr machtvolles Mutterprinzip. Sie wacht ständig über ihre Schützlinge, um sicherzustellen, dass deren Lebensumstände nicht zu schwierig werden. Ihre besondere Aufmerksamkeit gilt Menschen in Not und Elend, wo durch sie ein helfendes, unterstützendes Energie-Netz spürbar ist.

ANWENDUNG
Bei allen Beziehungsproblemen; bei psychotherapeutischer Aufarbeitung der Kindheit, besonders wenn die Sehnsucht nach Mutter oder Vater ungestillt ist, beim Lösen von Abhängigkeitsverhältnissen, bei der Verarbeitung von Missbrauch (nicht nur des körperlichen, auch bei mentalem oder psychischem Missbrauch) und wenn die Schleifprozesse des Lebens zu heftig und einschneidend sind.

MAHA CHOHAN

Wir begegnen dem Maha Chohan im helltürkisen Leitstrahl und im würzig frischen Duft im Pocket und als Equilibrium B62 (Helltürkis über Helltürkis).

„Maha" bedeutet groß und Chohans sind Lehrer. Dieser Titel benennt den „großen Lehrer", den Lehrer-Lehrer oder auch den inneren Lehrer. Das helle Türkis symbolisiert intensivierte Kreativität und weist damit auf die schöpferischen Qualitäten des Energie-Kraftnetzes hin. Seine Botschaft erinnert an die Verbindung zwischen Intellekt und Spiritualität. Er lehrt *die Entschlüsselung alter Botschaften* zum Heil des Menschen. Die Kraft seines Wirkens liegt in der Umsetzung der Weisheit in unser reales Denken und Handeln. Da der Weg in die Spiritualität nur im Einklang mit unseren Gefühlen erfolgen kann, hilft er den Menschen, Gefühlsbeziehungen zu sich selbst und allem Geschaffenen aufzubauen. Er begleitet die *Wende zum Wassermann-Zeitalter*. Er führt uns zum Herzen des Seins. Altes und neues Denken lässt er verschmelzen. Die Motivation lautet: *Einklang von Vernunft und Gefühl*. In diesem Energie-Kraftfeld lernen wir, unsere Kreativität zu verstehen und unsere Gefühle auszudrücken, um durch eine innere Lehre inneren Frieden zu finden.

Im Energiefeld des Maha Chohan werden die Bedeutungen und der vielschichtige Inhalt von Symbolen greifbarer. „Symbole sind Fenster, durch die wir die essenzielle Natur des Seins erschauen können", sagt Trungpa Chögyam in seinem Buch „Der fünffarbige Regenbogen".

Das Wassermann-Zeitalter wird beispielsweise als das uralte Zeichen der Doppelwelle dargestellt. Sie ist damit ein Ur-Sinnbild des Wassers als Lebensprinzip im irdischen wie im kosmischen Sinne – das Wasser der Urmeere als die Urmutter von allem Leben. Die Doppelwelle zeigt das ewige Auf und Ab, im materiellen wie im geistigen Leben – wie oben so unten. Man könnte ebenso vermuten, dass die untere Welle die Menschenweisheit und die obere die Gottesweisheit kennzeichnet. Die untere Welle ist ein Symbol der Geburt in die Materie als der Quelle ewiger Neuwerdung, die obere ein Symbol der Wiedergeburt aus dem Geist und des Erwachens zum ewigen Sein. Beide Wellen schwingen in Resonanz, ohne sichtbaren Kontakt zu haben.

Die Meisterenergie des Maha Chohan nährt das Ananda-Khanda-Zentrum zwischen Herz- und Kehl-Chakra und steht in Verbindung mit dem türkisen Pomander. Beide schulen das erwachende Bewusstsein zu neuen Formen der Kommunikation.

ANWENDUNG

Bei Blockaden in der Kreativität und Intuition. Diese Essenz hilft, mit vergangenen emotionalen Verletzungen fertig zu werden (Kreativität auch im Ausheilen gebrochener Herzen). Sie reduziert Gefühle von Isolation und stärkt die Kommunikationsbereitschaft. Bei Krankheiten des Kehlkopfes, bei Sprech- und Sprachproblemen (zum Beispiel Stottern) und bei Asthma und Bronchialleiden hilfreich. Auch verwendbar, wenn Aktivität und Kreativität fehlen oder bei Abwehrhaltung gegenüber der Technik und neuen Medien.

DJWAL KHUL UND HILARION

Als Equilibrium B63 (Smaragdgrün über Hellgrün).

Es ist das bisher einzige Equilibrium, in dem zwei „männliche" Energiefelder von Meistern schwingen. Beide Meister des grünen Strahls erscheinen hier zusammen, weil wir uns am Übergangspunkt zwischen Solarplexus und Herz befinden. Für die Menschheit im Äußeren und für jeden einzelnen Menschen ist dieser Übergang eine „gewaltige" Entwicklungsstufe. Es bedarf der Integrität des Herzens und des Mutes aus dem Solarplexus-Zentrum, um die Wahrheit zu sehen, die über die Selbstreflexion hinausgeht. Es benötigt das Loslassen von der Vergangenheit. Viele alte Verhaltensmuster sind nun wirklich veraltet und funktionieren nicht mehr. Im Gleichgewicht mit den neuen Kräften und der Sehnsucht nach einer neuen Harmonie suchen wir einen neuen Weg vorwärts. Wie sich die Erde im Rahmen ihres Evolutionsprozesses entwickelt, so entfalten sich auch der Mensch und die anderen Geschöpfe auf der Erde. Auch in dieser Übergangszeit von einem Zeitalter zum anderen ist jeder Mensch, jedes Wesen zur richtigen Zeit am richtigen Ort und trägt seinen Teil zum Ganzen bei. Wir können gar nichts falsch machen, wenn wir wir selbst sind. Wir sind die Sinnesorgane für die Erde, wir nehmen wahr, und durch unser Sein entwickelt sich aus den gemeinsamen Erfahrungen ein neu gestaltetes Kraftnetz.

ANWENDUNG

Bei Umstellungsschwierigkeiten auf neue Situationen, in Übergangsphasen verschiedenster Qualität, beim Gefühl, den Anforderungen nicht gewachsen zu sein, „hinterherzuhechten", „die Welt nicht mehr zu verstehen" und bei Mangel an Gelassenheit.

DJWAL KHUL

Wir begegnen dem Energiefeld von Djwal Khul im grünen Leitstrahl und im frisch würzigen Waldduft im Pomander und als Equilibrium B64 (Smaragdgrün über Klar).

Die Botschaft dieser Meistersessenz erinnert daran, dass die einzige Konstante im Leben *die Veränderung* ist. Sie unterstützt die Suche nach dem Lebenssinn, nach den zugrundeliegenden Lebensgesetzen. In der Anwesenheit von Djwal Khul erfahren wir die Offenheit für die wirkliche *Wahrheitssuche* und behalten dabei unser inneres Gleichgewicht. Hier haben wir die Suche nach der Wahrheit um der Wahrheit selbst willen.

Es gibt Zeiten, in denen wir einen direkten Zugang zur Wahrheit haben. Wir spüren im Herzen und wissen tief im Inneren – so ist es. Die Wahrheit ist etwas, das weniger aus dem Denken oder Fühlen kommt, sondern spontan und aus sehr großer Tiefe aufsteigt, aus einem inneren Ort der Reinheit und Unverfälschtheit. Wenn wir diese Wahrheit stören, dann wird sie zu etwas, das weniger vermittelt als die ursprüngliche Einfachheit. Darum handelt es sich im Energiefeld von Djwal Khul – der Smaragd des Herzens mit der Klarheit in der Tiefe (im unteren Teil der Equilibrium-Flasche). Wenn uns etwas im Herzen berührt, dann ist es die Wahrheit. Sie wird oft mit Wasser in Verbindung gebracht – und wenn wir Menschen berührt werden, dann fließt oft Wasser in Form von Tränen. Wasser ist Wahrheit, Wahrheit ist Bewusstsein, und das Bewusstsein der Wahrheit ist Glückseligkeit. Das Licht beleuchtet die liebenden Energien des Herzens, da wir uns der Wahrheit über uns selbst stellen. Diese Klarheit von innen heraus bringt die Wahrheit aus unserem Wesen hervor und findet mühelos Wege, um ihr Ausdruck zu verleihen.

Daher die Verbindung zum Energiefeld von Hilarion. An die Quellen des Leidens erinnert, erkennen wir, dass das, was wir wollen, uns genau so aus der Balance bringen kann, wie das, was wir nicht wollen.

Die Qualität von Djwal Khul ist wahrhafte Orientierung! Er lehrt uns, wie wir die Natur als große Lehrmeisterin und die Kraft der Gemeinschaft nutzen können. Er lädt uns ein, neue, erweiterte Räume zu betreten und stellt die Verbindung von Sternengeborenen mit der irdischen Realität her, denn er ist vertraut mit ihrer geistigen Heimat. Er ist ein Meister der *höheren Aspekte der Astrologie*.

ANWENDUNG

Bei mentaler und emotionaler Verwirrung. Die Quintessenz schenkt Klarheit im Denken und in den Gefühlen. Wenn man nicht mehr weiß, was die wirkliche Wahrheit von einem selbst ist, bietet sich die Quintessenz an. Auch bei allen Engeproblemen, um neuen Raum zu schaffen, bei Neubeginn in vielerlei Sichtweisen, vor allem wenn Kopf und Bauch in verschiedene Richtungen entscheiden. Sie ist allgemein hilfreich bei Entscheidungsprozessen, um die eigene Wahrheit zu finden.

DER HEILIGE GRAL UND DER SOLARE LOGOS

Die Meisteressenz Heiliger Gral und Solarer Logos zeigt sich im helloliven Leitstrahl und duftet herrlich frisch und belebend.

Der Gralskelch ist etwas, das auf die drei Ebenen des Wesens in uns selbst bezogen werden kann. Es gibt einen ersten oder oberen Kelch in unserer Schulterregion, der den Kopf- und Halsbereich miteinbezieht, der es dem Solaren Logos ermöglicht, einzuströmen, um die Gedanken und den Intellekt zu transformieren. Der Gralskelch, der die *Offenheit und Empfänglichkeit im mentalen Bereich* darstellt, ist ein Symbol dafür, wie bereit ich bin, Ideen, Impulse und Inspirationen von oben anzunehmen und sie mit Worten weiterzutragen.

Ein zweiter Kelch liegt in Herz- und Zwerchfellhöhe. Bin ich wirklich offen für meine Gefühle und kommuniziere ich in *der Wärme und Fürsorge meines Herzens*, auch mit dem, was von oben in mich einströmt? Unsere Empfänglichkeit und Offenheit in der zweiten Kelchebene ist Ausdruck unserer Gefühls-Kommunikation mit dem Logos, die Erlaubnis, sich durch unsere Herzen auszudrücken.

Der dritte Kelch in der Beckenregion erinnert an die Empfänglichkeit und Offenheit als Mann und Frau, an die Offenheit für unsere Lebenswurzeln, die uns mit der Erde verbinden, damit ist unsere *Akzeptanz und die Chance unserer konkreten Körperlichkeit* gemeint. In diesem Bereich besteht der Auftrag, das Wort umzusetzen und wirklich zu manifestieren. Diese Quintessenz fördert Kreativität auf verschiedenen Ebenen. Sie kann helfen, die Empfänglichkeit zu wecken, um eine Entfaltung der kreativen, weiblichen Intuition in jedem zu ermöglichen. Sie ist ein Schlüssel dafür, die Brücke zu anderen Dimensionen des Seins zu öffnen, die es den feinstofflicheren Energien erlaubt, in ihre richtigen Bereiche zu gelangen.

Der Gral erinnert natürlich auch an die Grals-Sage. Es scheint, dass viele Ritter der Tafelrunde, als sie auszogen, um den Heiligen Gral zu suchen, ihn in der äußeren Welt suchten. Allen misslang die Suche; doch dann entdeckte ein Ritter die innere Reise. Er begann, den Gral in sich selbst zu entfalten. Zum jetzigen Zeitpunkt kommt diese neue Meisteressenz, um uns daran zu erinnern, dass alles, was wir suchen, *in uns liegt*.

ANWENDUNG

Zur Blockadenerkenntnis und Blockadenauflösung auf mentaler, emotionaler und körperlicher Ebene. Für Menschen auf der Suche (Sinnfindung, unbenennbare „Sehn-Sucht"). Bei Kommunikationsschwierigkeiten innerhalb des eigenen Wesens und nach außen hin; zur Stärkung der Intuition und Kreativität.

EQUILIBRIUM

DAS SPIRITUELLE NOTFALLÖL B0

Das „Spiritual Rescue" erscheint in der Glasflasche oder als Pocket (Königsblau über Tiefmagenta).

Es bedeutet Zentrierung, wenn wir, aus welchen Gründen auch immer, unser inneres Gleichgewicht verloren haben. Es geht also um eine spirituelle Rückbesinnung. Die Zahl 0 besagt hierbei den vollständigen Kreis, aus dem alles kommt, das Dasein selbst. Er ist besonders nützlich auch bei den Rettern selbst, also bei Sanitätern, Ärzten, dem Krankenhauspersonal oder bei Seelsorgern; aber auch bei Menschen, die Transformationsarbeit im Schlaf verrichten, ihre Seele verlassen und anderen beistehen. Morgens stehen diese dann zermürbt und müde auf, weil sie nachts „gearbeitet" haben. Diese Essenz ist „Hilfe für die Helfer".

Das tiefe Königsblau wird mit geistigen Qualitäten in Verbindung gebracht. Das Vertrauen, in die Tiefen zu blicken, um sein wahres Selbst zu finden und sich auch dem zu stellen, was schwierig sein mag, um damit zu weiterer Klarheit zu gelangen. Der tiefe Frieden und das Vertrauen in die innere Führung erleichtern uns die Fürsorge und die Aufmerksamkeit für all die kleinen Dinge, die wir im Alltag tun.

Die Farbe Tiefmagenta erscheint fast als Schwarz und deutet so an, einen Blick auf den eigenen Schatten zu werfen. Sie bietet die Gelegenheit – und dazu braucht es das feste Vertrauen des Blau – um die Muster des Unbewussten zu betrachten und Klarheit über sie zu gewinnen sowie über die Art und Weise, wie sie unser Leben beeinflussen. Dies kann bedeuten, sich aus dem Dunkel der Illusion und vor den konditionierenden Mustern, die im Schatten des Selbst liegen, spirituell zu retten.

Denn alles, was wir an und mit anderen tun, widerfährt uns selbst. Retten wir andere, retten wir auch uns.

ANWENDUNG

An die Schläfen einreiben, auf das 6. Chakra (Stirn). Die mit der geschüttelten Essenz benetzten Hände können auch über das Herz-Zentrum gehalten werden oder dorthin, wohin die Intuition führt.

DAS KÖRPERLICHE NOTFALLÖL

Die Farben des „Physical Rescue“ B1 (Blau über Tiefmagenta). Das körperliche und das spirituelle Notfallöl sind im Hinblick auf ihre Farben sehr ähnlich, der einzige Unterschied ist ein kleiner Rot-Anteil im oberen Abschnitt von B0. Der Grund dafür ist, dass unsere Spiritualität von unserem körperlichen Zustand abhängt. Das körperliche Notfallöl hilft uns, uns auf unsere Körperlichkeit zu besinnen, sie anzunehmen, sie nicht überzubewerten, sie aber auch nicht zu übersehen. Durch die Kommunikation in Frieden und Vertrauen helfen wir uns selbst und anderen. Ein Leitsatz könnte sein: Ich vertraue mich dem Fluss des Lebens an und weiß, dass ich beschützt bin.

Um körperlich wirklich zu entspannen und zu Frieden und Ruhe zu gelangen, benötigen wir Vertrauen – eine Qualität, die im Blau zu finden ist. Vertrauen ist nur im Inneren zu erlangen. Wenn wir es gewinen, wächst die Chance auf die Harmaonie zwischen Körper und Psyche – „wir kriegen uns wieder ein“. Ein geflügeltes Wort, das aber genau den Vorgang beschreibt. Gerade bei Kindern ist das Phänomen gut zu beobachten. Wenn sie sich vor Schreck wegen einer Bagatell-Verletzung in Panik hineinschreien, holen wir sie mit dem Notfallöl wieder zu sich selbst zurück. Es entspricht dem homöopathischen *Arnika* und *Aconitum* oder den *Rescue-Tropfen* von Dr. Bach.

ANWENDUNG

Das Notfallöl kann bei allen Arten von Schocks, Schreck, Panikzuständen, dem heftigen Beginn einer akuten Entzündung (es kühlt), Verbrennungen, Insektenstichen, stumpfen Verletzungen, Krisen und Schmerzen aller Art eingesetzt werden. Es ist dann einfach in die Aura zu fächeln oder man legt die mit der geschüttelten Essenz benetzten Hände auf die Verletzung oder den Entzündungsherd auf, reibt es auf die Stirn und Schläfen ein oder massiert die Ohren damit (Ohrreflexzonen). Die Essenz sollte nicht direkt in eine Wunde gegeben werden, sondern um die Wunde herum.

Bei Schlaflosigkeit und Schlafstörungen kann man sie abends vor dem Schlafengehen anwenden.

DIE ATLANTER-FLASCHE / DIE HERZFLASCHE

Die Farben von B3 (Blau über Grün).
Der Mythos von Atlantis handelt von einer älteren als der ägyptischen Zivilisation. Die Atlanter verfügten über eine sehr fortgeschrittene Technologie, die auf Quarzen und Kristallen als Kraftquellen basierte. Die atlantische Zeit wird als eine sehr wichtige Phase der Entwicklung des Menschen betrachtet. Man widmete sich schon damals den Heilungsprozessen, der Meditation und der Bewusstseinsentfaltung. Farbe, Licht und Kristalle spielten dabei eine wichtige Rolle. Jene Zivilisation wurde durch den Missbrauch ihrer Technologie zu unheilvollen Zwecken vernichtet. Die mit Atlantis assoziierte Farbe ist Türkis, und wenn man die Flasche B3 verschüttelt, entsteht Türkis. Das ist die Farbe des *Ozeans des kollektiven Bewusstseins*.

Atlantis steht für die Verbindung mit Wasser. Emotionen, die man mit der Herzflasche in Verbindung bringt, liegen im unteren Teil der Flasche. Wenn wir die Vergangenheit loslassen und in die Gegenwart kommen, werden wir herzlicher. Die verborgenen Ängste (das im Grün versteckte Gelb) könnten ein Teil des negativen Erbes des Kontrollmechanismus von Atlantis sein. Sie müssen überwunden werden, damit sich die Menschheit auf dem Planeten Erde in der vor uns liegenden Zeit entwickeln kann.

Das Türkis, zu dem die Farben sich verschütteln lassen, deutet auf Kreativität hin, die befreiend auf das wirken kann, was noch in unserem Inneren liegt und ans Tageslicht will. Das Herz ist der Ort, an dem die Kreativität ihren Ausdruck in der Welt finden kann. Der Kreativität Raum zu geben heißt, Raum im Herzen zu schaffen. Wenn wir Frieden für und in uns selbst finden, werden wir wissen, was wir zu tun haben. Darüber hinaus bietet Blau über Grün die Möglichkeit, Frieden mit unserem Dasein auf Erden zu finden – und zwar ganz speziell in unserem Körper.

Mit der Atlanter-Flasche geht es immer um Raum, seinen Gefühlen wahrhaft Ausdruck zu verleihen. Es geht auch um das Vertrauen, den Raum innerhalb seines Herzens zu finden, um über eine neue Ausrichtung zu entscheiden.

ANWENDUNG

Bei allen Herzproblemen, emotionalen Belastungen und Problemen, die an der Wasseroberfläche – oder einfach im Tageslicht – auftauchen wollen. Sie hilft bei allen emotionalen Schwierigkeiten, vor allem um Gefühlen Ausdruck zu geben. Sie fördert die Kreativität und das Erforschen-Wollen (vor allem bei sich selbst). Bei allen Bronchialleiden, in denen Enge und Kontrolle eine Rolle spielen (Asthma, Angina pectoris), ist es hilfreich, auch bei Hautausschlägen im Brustbereich und Ängsten vor Wasser. Diese Flasche heilt besonders effektiv Tiere, woran auch immer sie leiden.

DIE SONNENFLASCHE / DAS SONNENLICHT

Die Farben von B4 (Gelb über Gold).

Diese Flasche bezieht sich auf den Solarplexus, die innere Sonne in der Mitte unseres Bauches (ganz körperlich). Hier kann die Sonne scheinen, wenn Ängste, Befürchtungen und Spannungen losgelassen werden. Wenn die Vergangenheit hinter und die Zukunft vor uns liegt und wir uns selbst auf die Gegenwart einlassen können, dann erst werden wir das Fest des Augenblicks feiern können und das Hier und Jetzt genießen lernen.

Angst und Macht waren schon immer gängige Methoden,

um zu manipulieren. Das einzige Mittel gegen Angst ist Vertrauen, mittels des eigenen Sonnenlichtes das vermeintlich Dunkle oder die Schatten zu belichten. Bei der Sonnenlicht-Flasche geht es um die Möglichkeit, die goldene Weisheit in sich selbst, in seinem Inneren, zu erfahren. In dem Maße, wie wir unsere eigene Weisheit erkennen, können wir etwas von dem Licht in die Welt hinaustragen. Zum Ins-Sonnenlicht-Kommen gehört, dass wir an einen Ort in uns selbst gelangen, an dem wir in der Lage sind, uns selbst klar darüber zu sein, wann wir JA sagen, wann wir NEIN sagen oder wann wir ICH WEISS NICHT sagen. Was aber diese drei Kräfte benennt, ist vom Solarplexus abhängig.

Die Sonnenlicht-Flasche handelt vom Bewusstsein. Es ist Selbstbewusstheit, die sich manchmal auf negative Weise als Befangenheit oder als ein Knoten der Verkrampfung im Bereich des Nabels manifestiert. Wenn es um „Nabel"-Themen geht, treffen wir immer auch auf Bereiche unserer Abhängigkeiten und verdeckten Abhängigkeiten (den Co-Abhängigkeiten). Sowie der Knoten sich zu lockern beginnt und wir Ängste loslassen, können wir den Knoten des Verengenden vollständig auflösen – und die Sonne kann wieder scheinen. In dem Maße, in dem die Gehemmtheit losgelassen wird, fließt Einsicht in unsere Denkvorgänge und in unsere Vorstellungen – ein wenig Wissen beginnt zu dämmern. Vertrauen und Zuversicht treten „ans Tageslicht". Vom Wissen (Gelb) loszulassen, mag der erste Schritt zur Weisheit (Gold) sein. Die „Sonne" trägt beide Farben in sich. Im Geistigen gibt es nicht wirklich Trennungen, das Wahrgenommene und der Wahrnehmende sind eins, so kann zum Beispiel weder die Farbe des Goldes vom Gold getrennt werden noch die Salzigkeit vom Salz.

ANWENDUNG

Bei Schwermut oder Depressionen schenkt diese Flasche Sonnenlicht und Lebensfreude. Sie stärkt die Nerven und erleichtert die Wissensaufnahme. B4 ist hilfreich bei jeder Form von Ängsten, Befürchtungen, sich steigernden Sorgen und Phantasien. Es sollte um den Solarplexus herum aufgetragen werden oder auf die Stirn und Schläfen einmassiert werden.

1. ESSENER-FLASCHE/EINE KETTE VON BLÜTEN

Die Farben von B11 (Klar über Rosa).
Diese Farbkombination war der Beginn einer neuen Folge von Equilibrien – der so genannten „Kinder des Neuen Zeitalters". Sie gehört auch zum Kinder-Set, das später beschrieben wird.

Die Essener waren vor langer Zeit eine der letzten Gemeinschaften auf diesem Planeten, die intensiv mit Farben arbeiteten. Farben wurden zur Bewusstseinserweiterung sowie zum Heilen eingesetzt. Die Essener waren eine verfolgte Gruppe, die von allen anderen Glaubensrichtungen ihrer Zeit missachtet wurde. Sowohl Maria, die Mutter von Jesus, als auch seine Tante Elisabeth waren Essenerinnen, und man nimmt an, dass Jesus selbst in einer solchen Gemeinschaft geboren wurde und eine Zeit dort gelebt hat.

Klar über Pink ist die intensivierte Version von B55 (Klar über Rot), der Christus-Flasche. Pink ist die Erhellung des Rot. Qualitäten wie Intensivierung oder Erhellung bestätigen das, was später in den homöopathisch hochwirksamen Potenzen beschrieben wird – es sieht zunächst „verdünnt" aus, die Wirkung auf die geistige Lebenskraft aber ist um ein Vielfaches stärker.

Die 1. Essener Flasche repräsentiert das Leiden, die Verfolgung, den Quell der ungeweinten Tränen und das Engelhafte in jedem Aspekt des Lebens. Die Essener glaubten, dass das *Engelhafte* in jedem Bereich des Lebens mitschwingt, nicht nur im Essen, in der Meditation und im Lehren, sondern in jedem Tun, in allem Geschaffenen. Mit dieser Essenz werden wir ermutigt, Fürsorge, Wärme und Mitgefühl in die Mitte unseres Wesens zu legen. Je mehr wir annehmen, was wir im Bereich unseres eigenen Schattens vorfinden, desto besser wird es uns gelingen, Licht in das Bewusstsein zu bringen.

Klar über Pink lädt uns ein, *anzunehmen und zu akzeptieren*, besonders im Hinblick auf die *Selbstakzeptanz*. Durch ein Verstehen des Leidens gelangen wir an einen Punkt, an dem wir akzeptieren, was wir selbst sind. Die „Kette aus Blüten" bezeichnet das Erhellen der Chakras (=Blüten). Das „klare" Licht soll in die verschiedenen Aspekte unseres Wesens einfließen. Die Pink-Energie steht für Fürsorge, Wärme und Selbstannahme. Werden diese Qualitäten in die Tiefe des Selbst gebracht und dort verankert, hellt sich das Wesen auf, so wie sich die Blüten im Licht öffnen. So entsteht „eine Kette aus Blüten".

Die Essener-Flasche hat viel mit dem Loslassen von spirituellem Stolz und dem Anrufen der Engelwelten zu tun, die über uns und um uns ist. Indem wir verbrauchte Emotionen freilassen und alte Verletzungen oder Erschütterungen ausheilen, bereiten wir den Weg, damit die Energie der bedingungslosen Liebe zu uns selbst und zu anderen fließen kann. Spirituellen Stolz loszulassen, ist auch ein Weg, um uns von den Ketten der Begierden zu befreien.

ANWENDUNG

Die B11 reinigt, klärt, entgiftet und gleicht das Nerven- und Hormonsystem (überregulative Zentren) aus. Es ist hilfreich bei Ohrleiden (bei Kindern wie bei Erwachsenen, die nicht hören wollen. Gehorsam. Ohrgeräusche). Es geht um das Anerkennen der eigenen Leid- oder Erfahrungsthemen und um die Bereitschaft, loszulassen und zu vergeben. B11 hilft, traumatische Kindheitserlebnisse zu verarbeiten sowie Themen von Hochmut und Demut. Sie hilft, spirituelle Überheblichkeit abzubauen, fördert Selbstliebe und die Aufnahme von Intuitionen und Impulsen aus anderen Dimensionen. Darin liegt allerdings die Gefahr, sich für etwas Besonderes zu halten und hochmütig auf andere herab zu sehen. Sie stärkt Vertrauen und Klarheit.

Insbesondere das Wurzel-Chakra, das Herz-Chakra und das Stirn-Chakra sollte man in Kontakt mit der verschütteten Essenz bringen. Eine Anwendung ist aber auch bei allen anderen sinnvoll.

Die Farben von B20 (Blau über Rosa).
Diese Flasche kann für Kinder auf ähnliche Weise hilfreich sein wie das „körperliche Notfallöl" für Erwachsene. Wir haben vielleicht alle ein Bedürfnis, heil zu werden, um das Kind in uns zu erlösen. Diese Kombination mit ihrem Gleichgewicht von männlicher und weiblicher Energie, die durch Blau und Pink symbolisiert wird, kann eine Unterstützung sein für den Menschen, der irgendwelche Themen ansprechen möchte, die mit seiner Kindheit und/oder seinem eigenen inneren Kind zusammenhängen.

Diese Farbkombination beinhaltet die Möglichkeit, Negativität umzuwandeln sowie eine Versöhnung der Gegensätze herbeizuführen, für die Pink und Blau stehen. Vicky Wall pflegte zu sagen, dass wir Menschen „nur ein Recht haben, nämlich nicht negativ zu sein". Wir alle haben die Wahl, zu negativen Energien beizutragen oder nicht, sei es durch Worte, Taten oder was auch immer. Das durch die Verschüttelung von Blau und Pink entstehende Hellviolett bietet uns die Möglichkeit, jene negative Energie umzuwandeln. Zeitgleich handelt es sich um eine alchemistische Verwandlung in unserem Inneren.

Das *Sternenkind* bezieht sich auf die Vorstellung, dass ein Teil unseres Erbes als menschliches Wesen von den Sternen kommt. Den irdischen Teil (Pink) mit dem himmlischen Teil (Sternenblau) zu vereinen heißt, unsere Bestimmung anzuerkennen und zu erfüllen. Das Erinnern bringt viele Teile von uns zusammen. Wir sind auf allen Ebenen damit einverstanden, in Fürsorge und Wärme die verwandelnden Kräfte zu erleben und zu leben. Wir kommunizieren in Frieden und Harmonie mit uns selbst und anderen.

ANWENDUNG

B20 ist sehr wichtig bei Integrationsprozessen des „inneren Kindes". Es stellt eine Wiederverbindung zur Seelenebene her und beleuchtet das Gefühl von Abgetrenntsein (Nabelschnur-Silberfaden-Themen) oder von Trennung allgemein. Es schafft eine Verbindung zur Ebene der Liebe, die alles transformiert.

Für spirituellen Neubeginn und die Auflösung von spiritueller Desillusionierung.

B20 wirkt schützend und entspannend und ist ideal für Heilungsprozesse des „inneren Kindes". Es hilft, Muster von Selbstverurteilung loszulassen und gleicht männliche und weibliche Anteile aus. Es wirkt harmonisierend in der Schwangerschaft und bei allen Problemen dieser Zeit. Diese Flasche gehört zum Kinder-Set und kann von Geburt an bis zur Pubertät und darüber hinaus eingesetzt werden, sofern das Kind die Farbe wünscht. Bei allen Problemen und Krankheiten der Säuglinge und Kleinkinder.

Es kann auf alle Chakras aufgetragen werden.

DIE SCHOCK-FLASCHE / HUMPTY DUMPTY

Die Farben von B26 (Orange über Orange).
Der Hauptname dieser Flasche ist Humpty Dumpty, die zweite Bezeichnung lautet „Ätherisches Wohlbefinden", und schließlich nennt man sie auch „Schock-Flasche". Humpty Dumpty ist ein traditioneller englischer Kinderreim, in dem Humpty Dumpty stürzte und nichts in der Welt konnte ihn wieder zusammensetzen – und interessanterweise hatte er einen eiförmigen Körper. Das Ei ist eine der wenigen Formen, die das menschliche Bewusstsein als völlig harmonisch empfindet. Das Ei steht für den Äther oder das Feld des entwickelten Bewusstseins, denn der Ätherleib gilt auch als „aurisches Ei" um den physischen Körper. Er ragt wie eine orange Zone über das Bioenergiefeld des physischen Körpers hinaus.

Bei unserer Geburt hat die Form, die den physischen Körper umgibt, einen ähnlichen Umriss wie ein Pilz oder Baum. Mit unserem körperlichen Wachstum und der Entfaltung unseres Bewusstseins kommt die Gelegenheit, das auch unsere feinstofflichen Körper, die den materiellen Leib umgeben, sich entfalten; und aus jener Baum- oder Pilzform entwickelt sich die Ei-Gestalt. Das Ei besitzt eine stärkere Leuchtkraft.

Bei Aura-Soma hat die Humpty Dumpty-Flasche eine lange Geschichte im Hinblick auf die gesamte Bewusstseinsentwicklung des Menschen und das Verständnis der feinstofflichen Felder.

Wenn jemand durch ein traumatisches Erlebnis gegangen ist, kann ihm das Orange helfen, „seine Teile wieder zusammenzufügen". Im Falle eines Traumas kommt es oft zu räumlichen Verschiebungen innerhalb des energetischen Feldes, so als wollte der goldene Kern unserer Essenz innerhalb seiner Möglichkeiten ausweichen.

Im Laufe des Entwicklungsweges einer Seele kommen viele Erinnerungen an Todeserlebnisse zusammen. Manche Tode mögen traumatisch oder mit Erschütterungen verbunden gewesen sein – ob in diesem Leben oder in früheren Inkarnationen. Wichtig ist es, die Synchronizität wiederherzustellen und die Zeitlinie zu klären. Jene Traumata können uns von unserer Ausrichtung auf der Zeitlinie abbringen und damit wiederum unser Potenzial beeinträchtigen, alles zu sein, was wir sein können – also in Synchronizität zu sein. Vergangenheit, Gegenwart und Zukunft müssen sich in Harmonie miteinander befinden.

Die Humpty Dumpty-Flasche ist eine Energie zum Heilen, damit wir (wieder) Freude und Glück empfinden, während wir mit der Zeit alle Schwierigkeiten klären. Auch alle anderen Essenzen, deren Farbkombinationen sich zu Orange verschütteln lassen, fördern das Verstehen und die Integration von heftigen Erlebnissen und begleiten uns zu veränderten Einsichten und neuen Potenzialen – oder die „alten" werden wieder zugängig für uns. Solche grenzüberschreitenden Geschehnisse und das Überwinden von Schmerzen (nicht deren Unterdrückung) lassen uns unsere Grenzen klar erkennen. Erst dann kann man von bewusster Erweiterung reden.

ANWENDUNG

Bei allen Schock-Erlebnissen, Unfällen, psychischen Traumata, Trennungen, bei Missbrauch in allen Formen, in der Geburtsvorbereitung, nach Operationen, nach „emotionalen Stürmen", bei rastloser Desorientierung, für Menschen, die unüberlegt hastige und unvernünftige Entscheidungen treffen, bei nervösen Depressionen und innerer Orientierungslosigkeit.

Körperlich hilft B26 bei Schilddrüsenproblemen und Verhärtungen der Muskeln (ist oft Zeichen eines gewünschten Schutzschildes). Es hilft bei solchen Themen auch bei allen Tieren.

Dazu kann es nach Bedarf direkt auf die schmerzenden Stellen aufgetragen werden, oft sinnvoll am gesamten Unterleib und besonders auf der ganzen linken Körperseite (dahin flüchtet sich oft der ätherische Kern). Bei geplanten Operationen kann es schon vorbeugend angewendet werden.

LIEBE/WEISHEIT

Die Farben von B87 (Koralle über Koralle)
Hier taucht zum ersten Mal die Farbe Koralle auf. Als diese Flasche auf die Welt kam, nannte Aura-Soma sie einfach „unerwiderte Liebe". Das ist diejenige Liebe, die nicht so erwidert wird, wie sie geschenkt wurde, oder die überhaupt nicht erwidert werden kann.

Diese Flasche demonstriert die Situation des Zeugen, die nicht leicht in Worte zu fassen ist. Es geht nicht darum, von einer gänzlich distanzierten Position aus Zeuge zu sein, sondern es geht um den aktiv beteiligten Zeugen. Ein Teil des Gewahrseins und des Erwachens des Zeugen erfordert volle Teilnahme – und das ist es, was Koralle uns bietet.

Heute nennt Aura-Soma das Equilibrium B87 „Liebe und Weisheit". Durch Fürsorge und Herzlichkeit beginnt die Weisheit hervorzuleuchten. Diese Flasche wird auch „Der neue Mensch" genannt, weil sie eine Qualität der Neugestaltung hat. Es ist das Hervortreten eines neuen Bewusstseins, und aus diesem Grunde wird es auch „Die neue Christus-Energie" genannt, vielleicht bezugnehmend auf das Hervortreten der Christus-Energie, von der Rudolf Steiner gesprochen hat. Steiner sagte, dass es am Ende des 20. Jahrhunderts und Beginn des 21. Jahrhunderts Menschen geben werde, die die Christus-Energie persönlich erlebten. Dies werde nur zu dieser Zeit geschehen und eine neue Öffnung des Bewusstseins ankündigen. Ein Teil dieser neuen Entwicklung ist das Hervortreten der Koralle-Energie – „Der neue Mensch" kommt ins Dasein.

Ein Mensch, der durch vertieftes Mitgefühl Verständnis für das zwischenmenschliche Geschehen empfindet, der sich der Liebe und der Weisheit sowohl auf den inneren als auch auf den äußeren Ebenen der Existenz gewahr ist und über die Reflexionen des Selbst hinausgeht.

ANWENDUNG

Hilft bei der Auflösung alter Verletzungen, B87 ist sehr effektiv bei der Nachbehandlung von Narben (ob alt oder neu, ob physisch oder psychisch), als Folge von Konflikten, die mit unerwiderter Liebe zusammenhängen. Unterstützt, wenn es darum geht, sich aus Abhängigkeiten herauszulösen. Bei emotionalen Verletzungen lindert es das Gefühl: Keiner liebt mich. B87 bewirkt Selbstliebe und schenkt die Offenheit für Liebe, die von außen kommt. Sie hilft, Enttäuschungen zu überwinden sowie die Angst, nicht genug zu sein.

Die B87 sollte besonders um den Unterleib bis zur Solarplexus-Region eingerieben werden, und natürlich dort, wo Narben sind. Es kann auch um das Gebiet der Narben herum aufgetragen werden, um energetische Verbindungen wiederherzustellen.

DAS ENERGIE-NOTFALLÖL

Die Farben von B89 (Rot über Tiefmagenta).

Diese Kombination erhielt den Namen *Energie-Notfallöl*, weil das Rot im oberen Teil in der Verbindung mit dem Tiefmagenta eine kraftvolle Energie ist, die intensiv mit der körperlichen Ebene kommuniziert. Wenn man die Flasche ins Licht hält, könnte man sie für eine „echte Blutkonserve" halten. Wer sehr erschöpft ist oder in eine extreme Lethargie gefallen ist, dürfte sich von dieser Flasche sehr angezogen fühlen, die ihm Energie und Vitalität zum Leben zurückbringt.

Es geht hier auch darum, die Situationen des spirituellen Stolzes zu überwinden, welche die zweite Ebene des Equilibriums B11 (Klar über Pink, die intensivierte Form des Energie-Notfallöls) ist.

Das Energie-Notfallöl bietet Hilfe in einer Situation, wenn

die Lebensenergie erschöpft ist oder etwas passiert ist, aufgrund dessen die Lebenskraft der Person einer Rettung bedarf. Es ist ein „Zurückholen“, ein Erwachen (auf welcher Ebene auch immer) durch Einsicht, um Freude und Leidenschaft zu finden. Aus der „Dynamik des Pendels“ wurde ein Stillstand, doch das Energie-Notfallöl lässt es wieder schwingen. Es hilft, die Liebe zu den kleinen Dingen neu zu leben.

ANWENDUNG

Wirkt energetisierend auf das Wurzel-Chakra und damit auf die Ur-Quelle der Lebenskraft. Vitalisierend und stabilisierend nach Kollaps, Ohmacht, totalem Black-out oder elektrischem Schock. B89 hilft auch, alte Wut zu transformieren. Sie unterstützt die sexuelle Energie. Beim Burn-out-Syndrom (totales Ausgebrannt-sein), bei totaler Überarbeitung und Überforderungen, wenn man absolut über seine Grenzen gegangen zu sein scheint, hilft B89 zu regenerieren. Wertvoll auch bei Geldproblemen, denn auch das ist eine Form von Energieblockade.

Es sollte bevorzugt um den gesamten Unterleib angewendet werden, denn unsere Wurzeln reichen bis zu den Fußsohlen hinab.

DER ERZENGEL METATRON

Die Farben von B100 (Klar über Tiefmagenta).

Der Erzengel Metatron ist das gleiche Wesen – oder nährt das gleiche energetische Kraftfeld – wie der Prophet Henoch aus dem Alten Testament. Henoch war einer der Propheten, die über Hellsichtigkeit verfügten. Metatron wird auch „Herr der Zeit“ genannt, er vermag in der Ewigkeit zu stehen und die ganze Zeit zu überblicken. Was wir Menschen als Vergangenheit und Zukunft bezeichnen würden, sieht Metatron alles gleichzeitig aus einer Perspektive, deren Weite und Umfang unser Vorstellungsvermögen übersteigt.

Der Erzengel Metatron war es, der die Israeliten vierzig Jahre lang durch die Wüste führte und mit Jakob rang. Er wurde als das Bindeglied zwischen dem Menschen und Gott bekannt. Metatrons Zwillingsbruder ist der Erzengel Sandalphon (Equilibrium B98).

Blicken wir in die Flasche B100, können wir das Licht (Klar) im Bereich des Bewussten (oben) und das Tiefmagenta im Unbewussten (unten) sehen. Dies spricht für die Möglichkeit, *Licht in den Schatten zu strahlen*.

Die Schwierigkeiten, die in unserem Leben entstehen, beruhen gewöhnlich nicht auf den Problemen, die wir bewusst erschaffen. Sie basieren auf dem, was aus dem Unbewussten aufsteigt und sich zum Bearbeiten „anbietet".

Mit Metatrons energetischer Unterstützung „belichten/beleuchten" wir unsere schattigen Anteile, damit wir deutlich sehen können, was in unseren Tiefen liegt – einerseits Schätze und andererseits Herausforderungen, was sich letztendlich als das Gleiche entpuppt.

ANWENDUNG

Bei Ängsten vor den unbewussten Anteilen, bei einem Mangel an Vertrauen, dass sich uns jene Aufgaben zeigen, zu denen wir die Lösungen haben. Wir benötigen dazu den Mut, um uns selbst zu „ent-decken". Es geht um die Lösungen bei allen Vertrauensproblemen, um die Angst „es nicht zu schaffen", um Mutlosigkeit, lang andauernde Entwicklungsphasen und den Mangel an geistiger Führung.

Die verschüttelte Essenz sollte man im Stirn- und Haaransatzbereich auftragen sowie im Nabel- und Unterleibsbereich.

An dieser Stelle seien noch die Erläuterungen von Mike Booth zu den energetischen Schwingungs- und Kraftfelder der Erzengel Jophiel, Hamael und Haniel angeführt. Sie geben Einsichten und Ausblicke in diese von Extremen herausgeforderte Zeit und zeigen damit an, welche Helferenergien jetzt zur Verfügung stehen.

ERZENGEL JOPHIEL

Die Farben von B101 (Hellblau über Helloliv).
Dieses energetische Kraftfeld stellt die intensivierte Form der Herz- oder auch Atlanter-Flasche dar, der B3 (Blau über Grün).

Aus dem hebräischen Schrifttum ist überliefert, dass der Erzengel Jophiel den Auftrag hatte, Adam und Eva den Weg aus dem Garten Eden hinaus zu zeigen. Wenn er den Weg hinaus kannte, dann weiß er auch, wie es zurückgeht. Er ist einer der größten Engel und verfügt über eine direkte Verbindung zum Willen Gottes und zu den Gesetzen des Lebens, wie sie durch das fühlende Herz manifestiert werden.

Das Hellblau im oberen Anteil steht in dieser intensivierten Form für klare und inspirierte Kommunikation – unmittelbar, unverfälscht und ungefiltert. Der Helloliv-Anteil weist die Farbe Grün des Herzens auf, mit dem Mutanteil vom Gelb des Solarplexus. Beide Farb-Anteile sind Farben nahe dem Herz-Zentrum. Damit wird das ganze Fühlen von diesen beiden Farben umgeben. Das weist auf den Namen *Jophiel* hin, der uns zurück in den „Garten des Herzens" hilft. Der Bezug zu Adam und Eva mag auf die neu zu definierenden männlichen und weiblichen Qualitäten und eine neue, gesunde Beziehungsfähigkeit hinweisen. Durch Jophiels Energiefeld werden wir uns der Gabe der Intuition bewusster und vertrauen ihr mehr und mehr. Es kann nichts anderes daraus werden, als dass die Intuition uns die Ausrichtung auf den Willen Gottes erfahrbarer werden lässt, was uns in den Garten des Herzens zurückführen wird.

ANWENDUNG

Entwicklung von Intuition und dem Vertrauen, der inneren Führung zu folgen.

DER ERZENGEL SAMAEL

Die Farben von B102 (Dunkeloliv über Tiefmagenta).

Der Erzengel Samael wird als der schönste unter den Erzengeln beschrieben und ist der bedeutendste „Engel des Todes". Die Essenz begann sich am 11. September 2001 zu zeigen, ihre wirkliche Geburt war am 25. September. Eine Zeit des Umbruchs und des Todes. Die Türme sind gefallen (Bezug zur Tarot-Karte „Der Turm"), Bestürzung und Chaos. Der Erzengel Samael wird mit dem Planeten Mars in Bezug gebracht. Der Mars war der Planet des Krieges und der Konflikte, nach der Magnetgitterverschiebung ist er der Planet, dessen Energiefeld Balance und Ausgleich von Gegensätzen bringt.

Hier erscheint zum ersten Mal das Dunkeloliv im Aura-Soma-Spektrum, das eine Vertiefung des Weiblich-Intuitiven darstellt. Es stellt den Bezug zu unseren dunklen, verborgenen Ängsten aus dem Unbewussten her. Wenn wir an die Auflösung dieser Ängste gehen, wird der Weg zu unbeschreiblicher Freude frei.

Das Tiefmagenta im unteren Teil der Flasche bringt die „Liebe von Oben" und legt die „Liebe in den kleinen Dingen" in das Unbewusste, um uns zu befähigen, Sorgfalt und Aufmerksamkeit bei allem walten zu lassen, was wir tun. Im Tiefmagenta ist das Rot verborgen und die Enttäuschungen; aber im Dunkeloliv steckt auch das Blau, das Frieden und Ruhe mit sich bringen wird. Das Energiefeld des Erzengels Samael unterstützt den Ausgleich der *Gegenpole der Existenz*.

ANWENDUNG

B102 nährt das Verständnis von Vergänglichkeit, das Verständnis des ewigen Wechsels von „stirb und werde", Tod und Geburt, neu und alt. Es dient als Begleitung in großen Konflikten. Bei Entwurzelung hilft es, im inneren Frieden zu bleiben (oder ihn zu finden), auch wenn heftigste Widerstände mit uns toben. Es gilt, die Hoffnung auf den *Bund des Regenbogens* nicht zu verlieren, trotz widrigster Umstände.

Die Farben von B103 (opalschimmerndes Hellblau über Tiefmagenta).

Der opalisierende Effekt in einer Farbe der Aura-Soma-Equilibrien ist ganz neu. Er entsteht durch den Zusatz von Kristallglimmer zum hellblauen Öl, damit sind erstmalig materielle Kristallpartikel in die Flüssigkeit eingebunden. Diese Partikel bewegen sich auch in den dunkelmagentafarbenen Wasserteil und machen sichtbar, was bisher nur Theorie war. Im Dunkelmagenta sind alle Farben enthalten. Kristalle sind in der Erde manifest gewordenes Licht. Das Leuchten der Kristallpartikel im Dunkelmagenta symbolisiert die Kraft des Lichtes, welches sowohl das Erdinnere als auch die Weiten des Kosmos durchdringt.

Der Erzengel Haniel wird die „Herrlichkeit" oder die „Herrlichkeit der Gnade Gottes" genannt und ist derjenige, der das energetische Kraftfeld von Verantwortungsbereichen und von Tugenden ordnet.

Bei der Geburt dieser Equilibrium-Flasche kamen die Attribute von Haniel, als dem Herrscher von Mars, zusammen mit der Tatsache, dass Mars der Erde so nahe war wie in den 73.000 Jahren nie zuvor. Mars steht zu diesem Zeitpunkt in einer erhöhten Beziehung zu Venus (Mars neu: Balance und Ausgleich, Venus neu: Heilungsflamme).

Die Erzengel sind Wesen, die sich in einer viel früheren Epoche der Erde entwickelt haben und sich nun zur Verfügung stellen, um der Menschheit durch Führung und Unterstützung zu helfen.

Der Erzengel Haniel symbolisiert Schönheit, Vergnügen und anhaltende Freundschaft. Haniel besitzt die Kraft, etwas fruchtbar zu machen, was vorher nicht so war, und Zustände von Trauer, Ängstlichkeit und Sorge in Freude zu verwandeln. Haniels Kraftfeld unterstützt das Erkennen und das Auffüllen von Lücken aus uns selbst heraus, anstatt sich weiter danach zu sehnen, diese von außen erfüllt zu bekommen. Es inspiriert das, was das Leben lebenswert macht: *Freundschaft, Liebe, Begleitung, Harmonie und inneres Gleichgewicht.* Haniel wird mit der Rose assoziiert, einem Symbol für die Qualitäten von Schönheit, Erhebung und Entfaltung.

Die hellblaue Energie fordert uns auf, in die Wahrheit dessen, was in unserem Herzen liegt, zu blicken, so dass wir zu einem tieferen Verständnis für Frieden gelangen und fähig sind, das, was sich durch uns ausdrücken möchte, mit Leichtigkeit zu kommunizieren.

Das Dunkelmagenta bedeutet die Liebe von oben, die Liebe, die ein Synonym für Gnade ist. Gleichzeitig geht es auch um die Liebe, die wir in die kleinen Dinge, in die Details des Lebens einbringen können.

Jeder von uns besitzt vorbehaltlose Autorität. Alles, was wir tun können, ist, diese zu verlieren. Dies geschieht im Bezug auf das Thema Selbstwert, wenn der Versuch besteht, durch Angst zu kontrollieren, durch Manipulation oder durch ähnliche Faktoren. Spüren und glauben wir an „Mangel", dann haben wir gewissermaßen nicht erlaubt, dass sich Liebe durch uns ausdrückt. Das Gefühl von Mangel ist auch ein Resultat von etwas, das wir nicht in die kleinen Dinge eingebracht haben.

Haniels großes Wirkungsfeld besteht in der Wiederherstellung von Frieden im Inneren und im Äußeren.

Schlüsselbegriffe: Bewusstsein für Frieden, Vertrauen und Kommunikation. Es geht darum, einen behutsamen, fürsorglichen Ton anzuschlagen. Die Entspannung nach großer Anspannung, Liebe und Fürsorge, statt strenger Autorität. Getrenntes wird vereint. Ein Wiederaufbau nach Tumult und Unruhe. Empfindungen und Intuition können in Kommunikation eingebracht werden. Die Sprachlosigkeit hinter sich lassen. Widerstände auflösen und die Schleier der Ungewissheit vertreiben. Es geht um Vertrauen in die eigene Herkunft, in die Fülle der Möglichkeiten.

ANWENDUNG

Bei Sorgen, Verzweiflung oder Zweifeln bei Ängsten aller Art wegen der neuen Zeit. Für das Wiederentdecken von Freundschaft; für alles Schöne und vor allem für die Entwicklung des Selbstwertes und der Liebe.

Das Kinder-Set der Aura-Soma-Equilibrien

Das so genannte Kinder-Set besteht aus folgenden Equilibrien:

- B11 1. Essener Flasche (Klar über Pink)
- B12 Frieden in der Neuen Zeit (Klar über Blau)
- B13 Veränderung in der Neuen Zeit (Klar über Grün)
- B14 Weisheit in der Neuen Zeit (Klar über Gold)
- B15 Heilung in der Neuen Zeit (Klar über Violett)
- B20 Sternenkind – Kinder-Rescue (Blau über Pink)

Erweitert werden kann das Kinder-Set durch folgende Equilibrien:

- B55 Christus (Klar über Rot)
- B77 Kelch (Klar über Magenta)
- B86 Oberon (Klar über Türkis)

Die Erklärungen zu B11 und B20 sind im Text schon beschrieben, die anderen folgen in kürzeren Beschreibungen. B11 (Klar über Pink) kann als Zwischenmittel agieren, das heißt, es macht den Weg frei, wenn andere Essenzen (noch) nicht wirken. *Das wohl wichtigste Equilibrium ist B20, das Sternenkind,* das bei Kindern ab der Empfängnis jedes Mal wie ein heilsamer Balsam sein kann. Nicht umsonst heißt es das *Kinder-Notfallöl.*

Das Kinder-Set kann man auf verschiedene Weisen anwenden. Es kann schon vor der Empfängnis beginnen. Wenn sich Eltern klar für ein Kind entscheiden, kann die Frau mit der Anwendung der B11 schon eine „Einladung" geben. Die Essenz von B11 bedeutet, sich in jedem Augenblick der bedingungslosen Liebe in allem bewusster zu werden, zu lieben, geliebt zu werden und angenommen zu sein. Es geht um Fürsorge, Wärme und Mitgefühl. Nach der Empfängnis kann sie bei B11 bleiben oder wahlweise die folgenden Öle anwenden, wobei sie sich innerlich von ihrem Herzen und dem Herzen des Babys führen lassen sollte. Das energetische Schwingungsfeld von B15 (Klar über Violett, Vertrauen in Führung) kann eingesetzt werden, sobald die Geburt sich mit

Wehen zeigt. Es kann beruhigen und dazu beitragen, dass die Geburt für Mutter und Kind bewusst und leicht (was auch immer das heißen mag) abläuft. Was von den Ölen während der Anwendung in der Schwangerschaft übrig bleibt, kann dann für das Baby angewendet werden, zum Beispiel im Rahmen einer Babymassage oder an bestimmten Punkten (Stirn, Schläfen, Herz, um den Nabel oder an Füßen und Händen).

Equilibrium B11 eignet sich – sofern die Intuition nichts anderes sagt – besonders für Neugeborene bis etwa zum neunten Monat, dann schließt sich zum größten Teil die Fontanelle (Bezugspunkt Kronen-Chakra). Equilibrium B12 ist besonders sinnvoll, bis das Kind eigenständig essen und trinken kann. Mit B13 kann es durch die Trotzphase gehen, mit B14 etwa bis zum Schulanfang. Für die Pubertät empfiehlt sich B15, eventuell können dann die weiteren Öle des Sets folgen.

Die Intuition wird mitentscheiden, ob eine Essenz *stimmt* oder nicht.

Kinder ab einem gewissen Alter (und das ist sehr unterschiedlich) wählen sich oft sehr selbstständig die „richtigen" Essenzen aus, sofern sie bei den Eltern sichtbar vorhanden sind. Ich bin immer wieder berührt, wenn man zwei- oder dreijährige Kids beobachten kann, die mit ihren Kinderhänden eine Essenz in die Aura einfächeln oder einreiben, so wie sie es bei den Eltern oder anderen gesehen haben.

Es mag verwundern, weshalb es ein Kinder-Set gibt und auffallen, dass die Equilibrien immer im oberen Anteil Klar sind. Kinder, die zur Zeit (und schon seit einigen Jahren) auf der Welt erscheinen, sind oft Wesen, die einen Evolutionssprung durchlaufen haben. Es gibt ein große Anzahl „verhaltensauffälliger" Kinder, damit meine ich nicht negative Manieren oder Ähnliches, sondern sie sind geistig „anders". Ich möchte den Begriff der „Indigo-Kinder" nicht zu sehr hervorheben, denn es gab „Indigo-Wesen" auch schon vor Jahrhunderten und Jahrzehnten, auch sie waren damals Vorreiter und Querdenker oder in einer Weise anders als die damalige Mehrheit der Menschen. Tatsache ist, dass sich Kinderseelen häufen, von denen man ahnen kann, dass sie Vorreiter einer

Neuen Zeit sind und ein anderes Denken und Handeln anbahnen.

Das Leben und Denken der Kinder der Neuzeit wird hauptsächlich von der Intuition bestimmt, und im Vergleich zu anderen „normalen" Kindern verfügen viele über paranormale Fähigkeiten. Sie lassen sich zu nichts zwingen oder beherrschen. Sie wollen sich nicht in alte Denkmuster einordnen und scheinen nach eigenen Gesetzen zu leben. Viele Eltern (und in unserem Schulsystem auch viele Lehrer) sind überfordert angesichts der neuen Herausforderungen, dass ihre Kinder in der Schule trotz hoher Intelligenzwerte und Begabungen verhaltensgestört und zum Teil nicht „schulfähig" sind. Es kommt sogar vor, dass sie mit so genannten Aufmerksamkeits- und Hyperaktivitäs-Defiziten (ADS) bei Psychotherapeuten landen oder mit der modern gewordenen Psychodroge Ritalin „ruhig gestellt" werden.

Ich will nicht behaupten, dass Ritalin durch Aura-Soma-Essenzen ersetzt werden kann oder mit den Essenzen gerade die „Kinder der Neuen Zeit" einfach in das Leben eingeschleust werden können, denn es wird eine *großartige* Herausforderung bleiben, solche Seelen zu begleiten. Aber es mag dazu beitragen, dass sich durch ein liebevolles Verständnis neues Wissen und neue Wege zeigen werden. Sind es doch die „Kinder" der Neuen Zeit, die nicht nur Zeuge, sondern Mitverantwortliche für die Zeit der Wende, des Wachstums und des unvermeidlichen, weil notwendigen Wandels sein werden.

Einige Persönlichkeitsmerkmale der „neuen" Kinder habe ich den Forschungen von Caroline Hehenkamp entnommen, aus ihrem Buch „Das Indigo-Phänomen".

- Sie sind innerlich der Wahrheit des Lebens gewahr und leben von Anfang an nach höheren Prinzipien.
- Sie lassen sich nicht eingrenzen durch alte Überlieferungen oder Glaubenssätze und lassen sich nicht zwingen, etwas zu tun, woran sie nicht glauben.
- Sie akzeptieren keine Führung von Menschen, die nicht die gleichen ethischen Ansichten haben wie sie selbst. Sogar sozialer Druck zwingt sie nicht zur Unterordnung.
- Sie glauben nicht an Schuld- oder Strafkonzepte, lassen

sich also schwer bestrafen. Sie möchten nicht in irgendeine Form oder Schublade hineingezwängt werden.

- Sie müssen ihr Leben an den höchsten Prinzipien orientiert leben können, so wie sie es verstehen, sonst werden sie depressiv, selbstzerstörerisch und ängstlich.
- Sie wissen, dass wir im Gleichgewicht mit uns und unserer Umwelt leben *müssen*. Sie kommunizieren mit Leichtigkeit mit Tieren und Pflanzen und sprechen mit „unsichtbaren Freunden".
- Sie wissen, dass es mehr gibt, als sie sehen. Sie verstehen spirituelle Konzepte besser als materielle.
- Sie vereinen oft männliche und weibliche Aspekte in sich selbst (androgyner Typ) und haben oft kein gesundes Körpergefühl. Ihre fünf Sinne sind sehr verfeinert, dadurch können sie leicht überreizt und überfordert werden. Sie brauchen sehr wenig Schlaf, gerade genug, um den physischen Körper zu erneuern. Sie können ihre Konzepte schwer in Worte fassen, die Sprache ist oft zu begrenzend für sie.
- Sie glauben, dass die Materie und das physische Leben Illusionen sind, sie wissen, dass das Leben aus Energie oder lebendigem Bewusstsein besteht. Sie wissen, dass alles im Universum miteinander verbunden ist. Zeit, Raum, Abstand und Form sind für sie keine getrennten Dinge.
- Sie spüren, dass alles Leben geachtet und mit Integrität, Liebe und Mitgefühl behandelt werden sollte. Da sie das Leben in allem spüren, können sie sich oft schwer davon trennen. Sie überbewerten die materiellen Dinge nicht, schätzen aber den „Geist" in den Dingen.

Wenn wir als Erwachsene uns solche Auflistungen bewusst machen, sollten wir erstens „wie die Kinder der Neuzeit werden" und zweitens könnten wir uns freuen (als Eltern, Lehrer oder Therapeut), solche Wesen begleiten zu dürfen. Im Folgenden beschreibe ich weitere Energie-Kraftfelder durch Aura-Soma-Equilibrien für diese Kinder.

B11 – 1. ESSENER FLASCHE (Klar über Pink)

(bei den Pocket-Equilibrien beschrieben)

B12 – FRIEDEN IN DER NEUEN ZEIT (Klar über Blau)

Gemeint ist der Frieden tief im Inneren. In der verschütteten Version ergibt es Hellblau, womit die Verbindung zu El Morya besteht und zum Leitthema: „Dein Wille, nicht mein Wille geschehe." Wird dieser Satz wirklich gelebt, werden wir eher im Frieden mit uns selbst sein und fähig, eine höhere Bestimmung zu erfüllen, wie auch immer die Umstände beschaffen sein mögen.

ANWENDUNG

Bei emotionaler Belastung. Die B12 fördert friedliche und klare Kommunikation und unterstützt die sprachliche Entwicklung. Bei Neigung zu Halsinfekten bei Kindern kann es vorbeugen und bei emotionalen Problemen ein Ventil bieten (zum Beispiel durch Weinen).

B13 – VERÄNDERUNG IN DER NEUEN ZEIT (Klar über Grün)

Grün kann mit Ausrichtung assoziiert werden, mit Entscheiden und dem Verständnis von Raum und Zeit – die konkrete Möglichkeit, im Hier und Jetzt zu sein. Bevor eine Veränderung eintreten kann, müssen wir erst etwas sterben lassen, was gewesen ist, damit etwas Neues geboren werden kann. Das Energiefeld unterstützt uns, die Klarheit zu besitzen, eine neue Richtung zu finden, um mit den Veränderungen umzugehen, die vor einem liegen.

ANWENDUNG

B13 hilft bei Neubeginn und Wandlungsphasen (Kindergarten, Schule oder Ausbildung). Für Kinder, die zu Bronchialkrankheiten neigen (Grün schafft Raum), unter Hautproblemen und viele Ekzemformen leiden. Kinder „häuten" sich, erweitern ihre Grenzen und wollen *aus ihrer Haut* raus.

B14 – WEISHEIT IN DER NEUEN ZEIT (Klar über Gold).

Dieses Energiefeld kommuniziert mit dem goldenen Bereich in uns, der als wahre Aura, als „erste Zelle" oder „Inkarnationsstern" bezeichnet wird. Hierin haben wie die Möglichkeit, einen echten Kontakt zu unserer eigentlichen Essenz aufzunehmen. Bevor wir das jedoch erreichen können, müssen wir in der Lage sein, die Ängste und Schwierigkeiten loszulassen, die unsere Identität oder Persönlichkeit umgeben. Wenn wir die innere Weisheit finden, einem Weg zu folgen, der uns dahin führt oder uns loszulassen hilft, sowie die Möglichkeit einer umfassenden Selbsterkenntnis, dann kann sich innere Weisheit in der Welt besser zeigen.

Hier wird die Unterscheidung von Wissen und Weisheit deutlich. Wissen ist etwas, das aus Büchern, von Lehrern oder durch Medien erworben werden kann. Wir können etwas *über* Dinge wissen. Weisheit hingegen kommt nur aus dem Inneren und ist dort bereits vorhanden. Gerade die *Kinder der Neuen Zeit* bringen einen unglaublichen Schatz an Weisheit mit. In diesem Equilibrium liegt die Weisheit unter dem Licht (Klar) und wartet auf die Gelegenheit, sich in der Welt auszudrücken.

Viele spüren, dass es in der Neuen Zeit andere Wege und Gelegenheiten geben wird, um Weisheit zu erlangen, als durch Leiden zu gehen. Freude kommt durch das wachsende oder belebte Vertrauen auf die Weisheit im Inneren und bringt Klarheit ins bewusste Denken.

ANWENDUNG

Erleichtert klares Denken und die Ausdrucksmöglichkeiten (Kinder finden neue Wege, um sich auszudrücken, und *ihre* Weisheit wird sichtbar). Besonders hilfreich bei intelligenten Kindern mit Lernschwierigkeiten oder bei Ängsten, Prüfungen zu bestehen (Solarplexus). B14 fördert die Ehrlichkeit mit sich selbst.

B15 – HEILUNG IN DER NEUEN ZEIT (Klar über Violett)

Mit diesem Energie-Kraftfeld geht es darum, das freisetzen und loslassen zu können, was im Schatten (im Verborgenen) liegt. In den vergangenen 2000 Jahren hat der Mensch das „Tier in sich" verleugnet. Das hat dazu beigetragen, dass viele Menschen erkrankten und Psychosen verschiedenster Art entwickelten. Für Kinder ist es außerordentlich wichtig, aufkommende Gemütsstimmungen, bis hin zu Aggressionen, nicht zu unterdrücken, sondern in gesunder Art und Weise ein Ventil dafür zu finden. Wenn wir imstande sind, das 'Tier' in uns anzunehmen und zu akzeptieren, würde sich das Problem nicht präsentieren und das Tier könnte uns nicht so leicht fesseln. Die Heilung tritt ein, wenn wir den Tieraspekt in uns akzeptieren und integrieren. Kinder können sich ganz leicht ein Tier vorstellen, das sie jetzt gerne sein möchten (und das kann heute ein anderes sein als morgen, je nach Gemütsstimmung), und solche „Spiele" können heilsame Ventile sein.

Dieser Aspekt – oder was auch immer wir im Inneren verleugnen – ist auch das, was am schwierigsten zu heilen ist. Der Prozess beginnt mit dem Beenden des Verneinens, denn aus dem „Ja" kann sich Heilung entwickeln.

ANWENDUNG

Sehr beruhigend! B15 vermindert Überaktivität, hilft bei Überforderungen und Überreizungen und bei vielen Formen von Kopfschmerzen. Es wirkt entspannend; man kann sich selbst wiederfinden und zur eigenen Ruhe kommen. Es fördert die Kommunikation mit geistigen Welten und hilft uns, uns selbst klarer zu sehen, damit wir herausfinden können, warum und wozu wir hier sind.

B20 – STERNENKIND – KINDER-RESCUE (Blau über Pink).

Bei den Pocket-Equilibrien beschrieben.

Erweiterung des Kinder-Sets

B55 – CHRISTUS (Klar über Rot).

Bei den Pocket-Equilibrien beschrieben.

B77 – KELCH (Klar über Magenta).

Das Bild des Kelches meint, dass wir unseren Kelch füllen können, damit er in die Welt überfließen kann. Er füllt sich, wenn wir die Liebe in die kleinen Dinge geben, indem wir unsere Alltäglichkeiten mit Sorgfalt und Aufmerksamkeit erledigen.

Beide Aspekte wollen gelebt werden, das Leeren und das Füllen. Der Wechsel betrifft Kinder ebenso wie Erwachsene, nur die Kinder werden schauen, wie es die Großen tun. Erziehung findet zum größten Teil durch das Beobachten (Abschauen) statt.

ANWENDUNG
Als Ausgleich bei Hormonstörungen. B77 löst das Bedürfnis nach Selbstrechtfertigungen, mildert Perfektionismus und hilft, auf den Boden der Tatsachen zu kommen. Es kann extreme Seiten miteinander verbinden und fördert, über sich selbst zu lachen.

B86 – OBERON (Klar über Türkis).

Oberon ist der Name des Elfenkönigs und des Gatten von Titania (B85, Türkis über Klar). Die Elfen leben in einem Reich, das zur Hälfte der Realität und zur anderen Hälfte einem „anderen" Bereich angehört. Sie haben direkten Zugang zu den machtvollen Kräften der Natur, so wie zum feinstofflichen, ätherischen Bereich jenseits des grobstofflichen.

Wenn Klar über Türkis verschüttelt wird, ergibt sich helles Türkis und damit eine Intensivierung der Qualitäten der Kommunikation allgemein und speziell der Kommunikation des Herzens und der Kreativität des Neuen Zeitalters. Diese Intensivierung bedeutet auch Zugang zu etwas Feinstofflicherem. Die schöpferische Energie erlangt sich Ausdruck, indem sie subtiler und intensiver wird. Es besteht die Möglichkeit, mehr von den feinstofflichen Ebenen wahrzunehmen, seien es Devas, Gnome oder Dinge wie Erdkräfte und andere Energien, die zur Zeit auf diesen Planeten einwirken. Der schöpferische Ausdruck von Gefühlen durch ein klares Herz und zum richtigen Zeitpunkt wird im Wesentlichen mit dem Ananda-Khanda-Zentrum, dem Energiezentrum zwischen Herz und Kehle, verbunden. Kinder, Jugendliche oder Erwachsene einer Neuen Zeit werden die Medienkommunikation immer weiter entwickeln – wenn sie mit dem Herzen in Kontakt sind. Sie werden Möglichkeiten präsentieren, von denen wir jetzt noch nichts ahnen.

ANWENDUNG

B86 hilft bei Herzbeschwerden, so lange man keine Ventile für intensive Kreativität und Kommunikationsdrang gefunden hat. Sie fördert das Lehren mit dem Herzen und balanciert die Gefühlsebene aus. Hilfreich bei Druck auf das Herz, auf Bronchial- und Halsorgane.

Die Anwendung der verschiedenen Essenzen

- Pomander werden im Prinzip so gehandhabt: Zwei bis drei Tropfen in die Handinnenfläche, mit beiden Händen in Kontakt bringen, verreiben und dann mit beiden Händen die Essenz (Farbe, Duft und andere Botschaften) in der Aura verteilen. Dies entspricht einem Einfächeln von Kopf bis Fuß oder so, als würde man die Aura in etwa drei bis vier Zentimeter Entfernung „eincremen".
- Spezieller wird der Pomander eingesetzt, wenn man die benetzten Hände direkt auf eine schmerzende Körperstelle oder über eine Wunde hält; so kann man etwa bei einer beginnenden Halsentzündung die mit dem blauen Pomander benetzten Hände direkt an den Hals legen. Bei

Babys kann man einen Tropfen auf die Stirn, Schläfen oder um den Nabel aufbringen.

- Vor einer Massage oder einer Reiki-Behandlung kommt die Farbe über die benetzten Hände dorthin, wo sie gebraucht wird.
- Falls man gerade eine chronische Angelegenheit mit einem Equilibrium behandelt, den man täglich ein- oder mehrmals, je nach individuellem Empfinden, aufträgt, kann man zusätzlich in einer Akutsituation oder im Bedarfsfall einen Pomander anwenden. Das gleiche gilt für Quintessenzen, auch hier kann es sein, dass ein Pomander zusätzlich oder gerade zur besonderen Unterstützung eingesetzt wird.
- Für konzentrierte Arbeit am Schreibtisch, am Computer oder zum Entspannen im Bett kann ebenfalls ein Pomander, eine Quintessenz oder ein Equilibrium hilfreich sein. Allein die Farbe zu sehen, über die Augen erinnert zu werden, bewirkt etwas.
- Auch die Raumsprays sollten nicht vergessen werden. Jeder Pomander, jede Quintessenz ist als Raumspray erhältlich. Man sprüht zwei bis drei kurze Sprühstöße in etwa zwanzig bis dreißig Zentimeter Abstand über den Kopf (über sich oder über jemand anderen) in den Raum, über das Kinderbett, über den Schreibtisch, über ein Edelsteinmandala – oder wo sonst das damit aufgeladene Energiefeld benötigt wird. Es sinkt dann langsam hinunter oder in die Aura ein oder verteilt sich im besprühten Raum. Es tut wohl, den Duft einzuatmen und einen Moment still zu werden, um aufzutanken.
- Ich verwende es gerne bei Patientenwechsel in der Praxis oder vor einem Kurs zur Reinigung und Aufbereitung der Atmosphäre für den Nächsten oder die nächste Gruppe. Eine Kollegin, die es auch für das Wartezimmer einsetzt, hat die Erfahrung gemacht, dass die Menschen wesentlich entspannter reagieren und die Behandlungen „effektiver" sind. Es ist ein sehr angenehmes Gefühl, sich so willkommen zu fühlen.

HOMÖOPATHIE

GRUNDLAGEN

Der Begriff Homöopathie ist in vieler Munde, wenngleich der wirkliche Sinn nicht allen, die ihn benutzen, bewusst ist. Allzu oft wird nicht wertgeschätzt, was die Homöopathie bewirken kann, und allzu oft wird etwas von ihr erwartet, was sie nicht leisten kann. Während die Aura-Soma-Therapie etwas *Sichtbares* ist, das durch die Farbenpracht und die aromatischen Öle ein Fest für und über die Sinne ist, wirken die homöopathischen Essenzen fast *unsichtbar* auf die Lebenskräfte. Es ist ein Heilen mit *fast Nichts*. Das Heilen mittels Homöopathie vollzieht sich von Innen. Das energetische Kraftfeld der Heilung kommuniziert mit und durch die geistartige Lebenskraft, die *Dynamis*.

Die Entwicklung in der Medizin verdeutlicht immer mehr, wie wichtig es ist, den Menschen in seiner Gesamtheit zu sehen. Jeder Mensch und jeder Therapeut, der an wahrer Heilung interessiert ist, muss zunächst einmal die *Weisheit des Körpers* begreifen. An den Symptomen eines Menschen lässt sich ablesen, dass der Körper mit all seinen Regulationsmechanismen sein Bestes tut, um sich zu verteidigen, etwas wieder aufzubauen – und zu heilen. Wenn die natürlichen Abwehrmechanismen nicht als solche gut gemeinten Versuche innerhalb eines Systems erkannt und sogar eingedämmt werden, wenn Symptome als Alarmzeichen unterdrückt werden, dann entspricht das in keiner Weise der Vernunft unseres Körpers. Wer diese innere Weisheit ignoriert, landet oft nur bei Behandlungen, die entweder sinnlos sind oder nur vorübergehend wirken, aber nicht wirklich unseren Wesenskern im Sinne eines gesunden Wandels erreichen.

Immer wieder ist zu hören und zu lesen, die Homöopathie sei frei von schädlichen Nebenwirkungen, was für manche überhaupt erst der Impuls für das Interesse ist. Vom rein pharmakologischen Standpunkt aus gibt es so etwas wie *Nebenwirkungen* gar nicht. Jedes Medikament, jedes Mittel, jede Farbe oder jedes Aromaöl hat seine Wirkung. Alles und jedes Detail kann im Sinne der Resonanz einem Menschen ein Heilmittel sein, genau so wie es ihm *schaden* kann – es ist ganz oft die Frage des Maßes (der Dosis). Aber auch alles, was dem Organismus schaden könnte, beinhaltet auch das Potenzial zum homöopathischen Heilmittel, denn die Homöopathie ist eine sehr exakte Wissenschaft nach dem *Umkehrprinzip* der angewandten Toxikologie (toxisch= giftig).

Am Beispiel einer „ganz normalen Erkältung" kann man den Ablauf klarer erkennen. In den Körper eingemogelte Erkältungsviren treiben dort ihr Unwesen und vermehren sich unkontrolliert. Der Körper reagiert als erste Abwehrmaßnahme, indem er die weißen Blutkörperchen vermehrt (das sind die Polizisten im Blut, die für Recht und Ordnung sorgen) bildet. In der Auseinandersetzung zwischen „Gut und Böse" wird es hoffentlich mehr Verluste auf der Virenseite geben als auf der Blutkörperchenseite, und der Organismus produziert flüssigen Schleim, um sich von allen Überresten zu reinigen. Allopathische Erkältungsmedikamente blockieren entweder die Schleimbildung oder trocknen die Schleimhäute aus – beides ist Sabotage an der körpereigenen Abwehrkraft. Will der weiterhin zur Reaktion bereite Körper die Viren gar mittels erhöhter Körpertemperatur oder Fieber verbrennen und bekommt dann fiebersenkende Mittel, wird ein weiteres Mal die *gesunde* Reaktionsfähigkeit des Körpers missverstanden. Es ist sehr oft die wichtige Frage, was eine gesunde Maßnahme des Körpers ist, *was ist das wirklich zu Heilende*, und wo setzt man, wenn überhaupt, den Hebel zum Helfen an.

Was ist Homöopathie?

Die Homöopathie geht davon aus, dass nicht die Symptome die zu bekämpfende Krankheit sind, sondern dass diese *nur* Zeichen der Auseinandersetzung, also Störungsanzeichen sind. Die Reaktionen auf die Störungsursachen deuten auf aktive, selbstständige Regulierungsvorgänge im Organismus hin. Homöopathie hat nichts mit der Unterdrückung einzelner Symptome zu tun, nichts mit Verdrängung, Betäubung, nichts mit künstlicher Normalisierung und Gegensteuerung durch meist nur vorübergehend wirkende, starke Medikamente, sondern sie sucht den Grund der Erkrankung *im Gesamtkomplex Mensch*, in dessen körperlicher und seelischer Ganzheit.

Homöopathie bedeutet Heilung nach dem Ähnlichkeitsprinzip: Heile eine Krankheit durch ein Mittel, das bei einem Gesunden ähnliche Erscheinungen hervorrufen würde. Rege durch ein solches Mittel – in geeigneter Dosis – die körpereigenen Kräfte (Selbstheilungskräfte) zu geordneter Funktion an.

Das Ähnlichkeitsgesetz

Das Ähnlichkeitsgesetz *similia similibus curentur* bedeutet: Möge Ähnliches (ein Mittel) Ähnliches (eine Krankheit) heilen. Ein Krankheitszustand kann geheilt werden durch ein Mittel, das in der Lage ist, beim Gesunden ein den Krankheitserscheinungen ähnliches Erscheinungsbild hervorzurufen. Der grundlegende Satz für die homöopathische Arzneiwahl ist für manche medizinische Denker eine Herauforderung, geht sie doch gerade in die entgegengesetzte Auffassung von namhaften Wissenschaftlern wie Louis Pasteur, Robert Koch oder Rudolf Virchow. Man kann sie nur durch Erfahrungen belegen, nicht wirklich erklären.

Voraussetzungen für die Wirkung der Homöopathie sind unter anderem die größte Ähnlichkeit der Patientensymptome in ihrem Gesamtbild und die richtige Dosis. Eine Verschreibung einfach nur nach dem Namen der Krankheit (schulmedizinische Diagnose, Erregername und so weiter) ist nicht möglich. Der Patient, seine individuellen Reaktionsmuster, funktionelle Besonderheiten, seine Gemütsverfassung und sogar sein Temperament haben häufig größere Bedeutung für die homöopathische Arzneimittelwahl als die lokalen Krankheitserscheinungen. Es gibt keine Krankheiten, sondern nur kranke Menschen.

In der Homöopathie wird nun bei einem fiebrigen Infekt nicht irgendein Fieber erzeugendes Mittel gegeben, sondern die Ähnlichkeit des Symptom-Musters als Ganzes ist entscheidend. Zum Beispiel wird bei einem plötzlichen Eintritt der Erkrankung, ängstlicher Unruhe, labilem Kreislauf und trockener Hitze und Durst das Mittel *Aconitum* gegeben. Bei plötzlichem Beginn, Unruhe bis hin zu Aggression, Hitze und Blutandrang mit rotem Kopf und kalten Füßen eher *Belladonna*. Bei den oben genannten Symptomen, aber einer langsameren Entwicklung des Geschehens und Schlappheit, wird eher *Gelsemium* bevorzugt. Man sieht schon hier, dass in der Homöopathie viel differenzierter gearbeitet wird als in der Allopathie.

Das Ähnlichkeitsgesetz ist ein Urphänomen, auf das Hahnemann durch seinen Chinarinden-Versuch aufmerksam wurde. Es wurde nicht aus theoretischen Betrachtungen hergeleitet oder erklügelt. Alle Erklärungsversuche stehen hinter dem Phänomen selbst zurück. Der Begründer der Homöopathie und Wiederentdecker der Ähnlichkeitsregel war der außerordentlich vielseitige und erfolgreiche sächsische Arzt und Chemiker Samuel Hahnemann, der von 1755 bis 1843 lebte.

Die Prinzipien der Homöopathie sind universell. Sie waren schon im alten Indien bekannt, ebenso finden sie bei Hippokrates und Paracelsus Erwähnung. Gleichwohl waren sie zur Zeit Hahnemanns vollkommen vergessen. Er entdeckte die Homöopathie nicht nur völlig neu, sondern erfasste und erforschte ihre Gesetzmäßigkeiten weitaus präziser, als dies je zuvor der Fall gewesen war.

Homöopathisch ist irgendein Arzneimittel *nicht* durch pflanzliche Herkunft und auch nicht durch Potenzierung, sondern allein durch seine *spezielle Beziehung zum individuellen Menschen* und seine Symptom-Muster.

Komplexmittel, in denen mehrere potenzierte Mittel enthalten sind, Pflanzenheilkunde und selbst die Schüssler-Salz-Therapie sind ganz andere Richtungen und haben mit der Homöopathie weitaus weniger zu tun als zum Beispiel die Kneippschen Wasseranwendungen. Weit über neunzig Prozent dessen, was heute unter der Flagge der Homöopathie mitsegelt, hat keine Beziehung zur homöopathischen Heilkunst. Zur Abgrenzung gegenüber Missbrauch wird auch der Begriff „Klassische Homöopathie" gebraucht. Sie ist keine passive Heilkunst, sondern eine aktive Hilfe zur Selbsthilfe – ein therapeutisches Verfahren nach dem *Resonanzprinzip*. Noch genauer könnte man sie eine *Reiz-regulations-therapie* nennen. Die Wirkung des richtigen homöopathischen Reizes setzt *indirekt* ein. Der über die Substanz gegebene Impuls ist wie eine *Information für das Gehirn*, welches daraufhin die Selbstheilungskräfte des Organismus mobilisiert. Eine homöopathische Medizin ist also nicht stark oder schwach, auch nicht gut oder schlecht, sondern es kommt allein auf *die richtige Wellenlänge* für die Resonanz im Körper an. Nur die passende Arznei wirkt. Und welche Arznei wie wirkt, wird nur durch Sammlung der Symptome bei Gesunden und Kranken in Erfahrung gebracht. Es ist eine Erfahrungsheilkunde, sie kann nie über Tierversuche oder in einem Labor getestet werden. Ihre Wirkung hat nichts mit Suggestion oder Glauben zu tun hat.

Die Arzneimittelprüfungen

Wir alle haben unbewusst schon so genannte Auswirkungen von Arzneimittelprüfungen erlebt. Wenn jemand starken Kaffee vielleicht im Übermaß getrunken hat und dann nachts wegen Überdrehtseins und Herzklopfen nicht schlafen konnte, dann hat er das pflanzliche *Coffea*, die Kaffeebohne, geprüft. Wer mehrere Zwiebeln enthäutet und kleingeschnitten hat und reichlich wundmachendes Nasensekret und milde Tränensekretion mit rauem Hals spürte, der hat *Allium cepa* erfahren. Wenn jetzt ein Erkälteter Symptome hat, wie oben an Augen und Nase erwähnt, dann mag *Allium cepa* helfen, dass sein Schnupfen ohne nennenswerte Kapriolen leicht und einfach abklingt, ohne dass ein Husten oder sonstige Schwächen folgen.

Arzneistoffe sind nur dann homöopathisch, das heißt nach dem Ähnlichkeitsgesetz anwendbar, wenn die Wirkung *am gesunden Menschen* ausreichend geprüft wurde. Zu diesen Prüfungen gab Hahnemann ausführliche, detaillierte Anweisungen. Gefordert sind unter anderem eine genügende Anzahl zuverlässiger Prüfpersonen, die Einschränkungen von Außeneinflüssen, ein systematisches Vorgehen hinsichtlich der Arzneigabe sowie genaue Aufzeichnungen aller subjektiv oder objektiv veränderten Erscheinungen, Empfindungen und so weiter. Aus der Zusammenfassung solcher Arzneiprüfungen, der Bestätigung von Prüfsymptomen in der klinischen Anwendung, bei giftigen Ausgangsstoffen eventuell noch Berichte über die Toxikologie, entsteht die so genannte „Reine Arzneimittellehre". Diese wird ergänzt durch solche Informationen, die sich in der praktischen Arbeit durch weitere Erfahrungen ansammeln.

Die Arzneimittellehre oder *Materia Medica* bildet gewissermaßen den Körper der Homöopathie, die Theorie wäre dann gewissermaßen der Kopf und die Anwendung die handelnden Gliedmaßen. Ungefähr zweitausend Stoffe sind bis heute ausführlich geprüft – und im Prinzip hört diese Auflistung nie auf. Es folgen gerade in letzter Zeit immer wieder neu geprüfte Materialien, die den Anforderungen unserer schnelllebigen Zeit gerecht werden. Zu einem späteren Zeitpunkt werde ich auf einen Zweig der klassischen Homöopathie eingehen, in dem das eigene Blut und andere Körpersekrete potenziert werden (Homöo-Isopathie).

Wirkung und Gegenwirkung

Jede Arznei wirkt durch ihre Fähigkeit, das menschliche Befinden und die Körperfunktionen zu beeinflussen. Vielleicht kann man es irgendwann wissenschaftlich beweisen, wie dies durch das energetische Schwingungsfeld eines potenzierten Stoffes möglich ist. Nehmen wir als Beispiel zwei Stoffe, die uns allen bekannt sind: Zucker, im Mittelalter sogar als Medizin verwendet, wird relativ schnell resorbiert und kann dem Organismus kurzfristig Energie zur Verfügung stellen. Kaffee regt Herz, Kreislauf, Nebennieren und Nervensystem an, so dass wir uns wach fühlen. Das sind jedoch nur die unmittelbaren Wirkungen der genannten Stoffe. Niemand wird insgesamt *stärker* durch regelmäßigen Zuckerkonsum oder ein wacherer Mensch durch Kaffeegenuss; denn der Organismus versucht, ein Gleichgewicht herzustellen und setzt der Manipulation von außen eine Gegenreaktion entgegen. Dies wirkt sich in unserem Beispiel so aus, dass nach Zuckergebrauch der Blutzuckerspiegel (und die verfügbare Energie) zuerst steil ansteigt, anschließend aber eine längere Phase tiefer in den Keller sinkt als zuvor ohne Zuckergenuss. Kaffee macht kurzfristig wacher, hat längerfristig aber das Ergebnis, dass man ohne Kaffee kaum noch wach wird, sich insgesamt also eher müder fühlt. Diese Gewöhnungseffekte sind in der Homöopathie nicht möglich.

Jeder Organismus weist zwei Wirkungsphasen auf einen Stoff (einen Impuls oder Reiz) auf, eine Erstwirkung und eine Gegen- oder Zweitwirkung. Es gibt einen wesentlichen Unterschied zwischen diesen beiden Phasen; einen Teil der Wirkungen einer bestimmten Arznei können wir dem direkten Einfluss zuordnen. Diese Erstwirkung ist zwingend, sie ist eine biochemische Manipulation des Organismus und erfolgt von außen. Der andere Teil der Arzneiwirkung beruht auf der *funktionellen Antwort* des Organismus, der sein Gleichgewicht zurückerobern möchte. Diese zweite Wirkungsphase ist auf chemisch-physikalischer Ebene allein nicht mehr erklärbar. Sie ist ein Geschehen von innen und in erheblich stärkerem Maße als die Erstwirkung von der individuellen Empfindlichkeit und der Konstitution des Einzelnen abhängig.

Auch außerhalb der Homöopathie sind solche paradoxen Wirkungen bestimmter Substanzen bekannt. Einzelne Menschen können nämlich nach Kaffeegenuss besser schlafen, andere werden aufgeregter, manche leiden sogar an Kopfschmerzen. Für die Homöopathie sind solche Phänomene nicht paradox. Hier wird der *homöopathische Kaffee* als Schlafmittel verwendet – freilich nur für solche Personen, deren Schlaflosigkeit der durch den Kaffee hervorgerufenen *ähnlich* ist, ohne dass Kaffee die Ursache sein muss. Etwas simpel ausgedrückt, arbeitet die Homöopathie mit dem „Trick", den Organismus zu einer Reaktion zu bewegen (durch die Zweitwirkung der Arznei) und zugleich die Erstwirkung der Arznei weitgehend zu vermeiden. Zusammenfassend kann man es so ausdrücken, dass jede homöopathische Arznei durch ihren spezifischen Reiz eine „Kunstkrankheit" auslöst. Sie wird erst zur heilenden Arznei *durch die Reaktion* des Organismus.

Nun ist ja auch die Größe oder die Stärke des Reizes ein wichtiges Kriterium – und das ist und bleibt eine sehr individuelle Angelegenheit. Vor Jahren formulierten Wissenschaftler, ganz unabhängig von der Homöopathie, eine biologische Reizregel, die sogenannte *Arndt-Schulz'sche Regel*, die besagt: Schwache Reize fachen die Lebenstätigkeit an, mittelstarke fördern sie, starke hemmen sie und stärkste Reize heben sie auf. Was dabei aber als schwache und als stärkste und im Besonderen als umkehrende Wirkung des mittelstarken und starken Reizes wirkt, ist und bleibt ganz spezifisch und ist individuell.

Die Potenzierung

Diese Kunst liegt in der geeigneten Arzneizubereitung und Dosierung. Hahnemann arbeitete anfangs – durchaus erfolgreich – mit materiell wirksamen Dosen. Dabei war er ständig in dem Dilemma, dass eine stärkere Dosierung der richtigen

Arznei heftige Heilungskrisen hervorbrachte, geringe Dosen dafür insgesamt zu wenig bewirkten. Im Bemühen um eine *sanfte* Heilung kam ihm irgendwann die Eingebung, die Arznei nicht nur zu verdünnen, sondern zusätzlich zu *verschütteln.* Es zeigte sich, dass die Substanzen, die mehrfach hintereinander verdünnt und verschüttelt wurden, umso intensiver wirkten. Diesen Prozess des rhythmischen Verdünnens *und* Verschüttelns oder Verreibens nennt man *Potenzieren* oder auch *Dynamisieren.*

Da die chemisch-physikalischen und giftigen Arzneiwirkungen durch genügende Potenzierung völlig ausgeschaltet werden können, verwendet man auch starke Gifte wie Arsen oder die Tollkirsche (Belladonna).

Durch das Potenzieren werden nach Hahnemann die verborgenen, inneren geistartigen Kräfte (meinte er damit schon die Schwingungen der Kraftfelder?), welche auf die Dynamis der Lebenskraft Einfluss haben, extrem verstärkt. Man kann es sich so vorstellen, dass die innere Oberflächenstruktur des Mittels greifbarer, aufgeschlossener wird. Selbst die Substanzen, die sonst keine Heilwirkungen haben, wie zum Beispiel das Kochsalz, werden zu wahren, konstitutionell stärkenden Essenzen.

Die richtige Wahl der Potenz und das richtige Dosieren ist unverzichtbar für die Kunst, die gewünschte Wirkungstiefe zu erreichen, zugleich aber heftige und unerwünschte Reaktionen zu vermeiden. Darin unterscheidet sich die Aura-Soma-Therapie sehr von der Homöopathie, denn eine Essenz der ersteren wählt man am besten intuitiv, eine homöopathische eher über das Wissen der Materia Medica. Die Art des richtigen Einnehmens ist zudem noch eine weitere Erfahrungsangelegenheit.

Auf den Vorgang des so genannten *Repertorisierens* (das Suchen und Finden der Symptome des Menschen in den Zusammenstellungen aller Arzneiprüfungsergebnisse) gehe ich innerhalb dieses Buches nicht näher ein, es würde den informativen Charakter sprengen.

Auf jedem homöopathischen Arzneifläschchen befindet sich hinter dem eigentlichen Arzneinamen ein Buchstabe mit einer Zahl. Der Buchstabe bezieht sich auf das Verdünnungsverhältnis beim einzelnen Schritt, die Zahl auf die nacheinander wiederholten Potenzierungsschritte insgesamt. So bedeutet *Aconitum D 12* die zwölfte Dezimalpotenz von *Aconitum*, das heisst ein alkoholischer Auszug von dem Mittel wurde zwölfmal im Verhältnis 1:9 mit einem Wasser-Alkohol-Gemisch vermischt und verschüttelt, wobei das Ergebnis jeweils für den nächsten Schritt als Ausgangslösung diente. Ebenso gibt es Centesimal- oder kurz C-Potenzen, dann wurde *Aconitum* C 12 zwölfmal 1 : 99 verdünnt und jeweils verschüttelt. Bei den so genannten Q- oder LM-Potenzen wird zweimal hintereinander im Verhältnis 1: 50.000 verdünnt und verschüttelt.

Der Geist bewegt die Materie

Ein weiteres Grundprinzip von Hahnemanns Lehren (alle im so genannten *Organon* zusammengefasst) betrifft die Einsicht, dass eine Krankheit auf *eine Verstimmung der geistigen, feinstofflichen Lebenskraft* zurückzuführen ist. Der Paragraph neun des *Organon* enthält dazu das Wesentliche: *„Im gesunden Zustand des Menschen waltet die geistartige, als Dynamis den materiellen Körper (Organismus) belebende Lebenskraft (Autokratie) unumschränkt und hält alle seine Teile in bewundernswürdig harmonischem Lebensgange in Gefühlen und Tätigkeiten, so dass unser inwohnende, vernünftige Geist sich dieses lebendigen, gesunden Werkzeugs frei zu höherem Zwecke unseres Daseins bedienen kann."*

Die *Dynamis*, so nannte Samuel Hahnemann die Lebenskraft, ist eine nicht-materielle Kraft, die in alle Lebensvorgänge des Körpers einwirkt. *Der Geist bewegt die Materie*. Wenn diese geistige Kraft verstimmt ist, bedarf es wiederum einer geistigen Kraft, in der Homöopathie die potenzierten Mittel, die harmonisierend wirkt.

Der so genannte Reiz oder heilsame Impuls entsteht aus

Informationen aus Mineralien, Metallen, Pflanzen, Tieren oder tierischen Produkten und wird nach dem Symptomen-Muster und dem Ähnlichkeitsprinzip gewählt. Es genügen kleinste Dosierungen. Hahnemann fand in seinen Versuchen sogar heraus, dass gerade die feinsten Reize einen stärkeren Heilungs-Impuls geben.

Die Hering'sche Heilungsregel

Es gibt in der Homöopathie eine so genannte Hering'sche Regel, die auf den richtigen Weg der Heilung hinweist. Demnach verschwinden die Symptome entweder *von innen nach außen* oder *von oben nach unten* oder *in umgekehrter Reihenfolge ihres Auftretens*. Dazu ein Beispiel. Nehmen wir im ersten Fall ein Kind, das einen starken Husten hat. Wenn der Husten durch ein homöopathisches Mittel besser wird und sich für eine paar Tage kleine Hautpickelchen zeigen, ist das der richtige Weg der Heilung von innen nach außen. Wenn ein Ekzem mit Salben von außen behandelt wird, der Hautausschlag verschwindet, aber unruhiger Schlaf und nächtliche Hustenattacken bemerkt werden, war das der falsche Weg, nämlich von außen nach innen.

Für das zweite Beispiel nehmen wir einen Mann, der regelmäßig Kopfschmerzen bei geistiger Anstrengung bekommt. Werden diese (natürlich im Gesamtbild des Menschen) mit einem ähnlichsten Mittel behandelt und es stellt sich Besserung im Kopf und in der psychischen Belastbarkeit ein, obwohl sich alte Verdauungsprobleme von früher noch einmal zeigen, ist das dennoch im Sinne einer Heilung von oben nach unten als gut zu bewerten. Im dritten Beispiel könnte eine Frau seit Jahren Herzbeschwerden haben und in letzter Zeit zunehmende rheumatische Schmerzen in den Kniegelenken. Wenn das homöopathische Mittel zuerst die bessere Beweglichkeit und Schmerzfreiheit in den Gelenken erreicht und dann immer mehr das Herz-Kreislaufsystem stärken kann, war es *das richtige Mittel, in der richtigen Potenz, in der richtigen Dosierung*. Diese drei zuletzt genannten Faktoren sind wichtig.

Die *Goldene Regel* in der Homöopathie bezieht sich auch auf die Thematik der richtigen Dosierung. Sie besagt, dass der Behandler nicht eingreifen soll, selbst wenn es mehr körperliche Symptome als vorher gibt, wenn sich der Patient vom Gemüt her besser fühlt. Ein voreiliges Eingreifen oder zu oft und zu viel eingenommene Mittel stoppen manchmal Heilungsvorgänge oder verderben den ganzen Heilungsvorgang. Jeder Mensch hat sein eigenes Tempo an Reaktionen und inneren Korrekturen, das gilt es zu erkennen. Ich erlebe immer wieder staunende Patienten und sogar skeptisch nachfragende, ob das denn alles wäre, wenn ich ihnen zwei kleine Globuli in die Hand gebe und sage, das sei die Dosis für die nächsten vier Wochen.

Wenn der Organismus zu schwach ist, um auf homöopathische Impulse zu antworten, gibt es Grenzen in ihrer Anwendung. Die Homöopathie ersetzt auch keinen Gips, wenn ein Bein gebrochen ist, oder kein Skalpell, wenn es gebraucht wird. Womöglich müssen jene aber nicht so häufig eingesetzt werden.

Die Homöopathie respektiert die Individualität des Menschen und kennt *keine Bewertungen*. Der erkrankte Mensch wird ernst genommen in dem, was er über sich sagt und wie er sich empfindet. Die klinischen Diagnosen zählen nicht in erster Linie. Es gibt keine guten oder schlechten Symptome, keine schönen oder bösen Arzneimittel. Die neutrale Wahrnehmung des Homöopathen ist wichtig, Deutungen und Interpretationen haben keinen Platz.

In einer gründlichen Fallaufnahme (einer Anamnese) sind die *Gemütssymptome* am wichtigsten, dann folgen die *Entstehung* der Symptome (zum Beispiel Verletzungen, Erkältungen, Ärger und Ähnliches), dann die *Lokalisationen* (Ort der Symptome oder Schmerzen), dann die *Sensationen* (das „was und wie" der Symptome) und zuletzt die *Modalitäten* (wann und wodurch werden Symptome besser oder schlimmer).

Wenn jemand erstmals eine gründliche Anamnese erfährt, ist es hilfreich, sich vor dem Termin etwas Zeit zu nehmen und eine *innere Inventur* zusammenzustellen, eine persönliche

Bestandsaufnahme von Kopf bis Fuß, von früher bis jetzt. Es ist dann für den Homöopathen nach der Begrüßung und ersten Worten auch ein wichtiger Hinweis, ob der Patient mit einigen Seiten Aufzeichnungen kommt oder mit ein paar Notizen auf einem Fitzelchen Zeitungspapier.

Neue Wege mit der Homöo-Isopathie

In einer Zeit der Nahrungsmitteldenaturierung, Genmanipulation und einer manchmal psychisch wie sozial bedrohlichen Entwicklung erschien es einigen modernen Homöopathen notwendig, das vorhandene Spektrum an pflanzlichen, tierischen und mineralischen Mitteln zu erweitern. Somit werden heute auch schon Impfstoffe, Umweltgifte, Zigaretten, Ritalin und Ähnliches oder auch Nahrungsmittel wie Milch oder Schokolade potenziert, die für jemanden allergen sein können – und diese Liste könnte unvorstellbar lang werden. Bekannt ist der Begriff der Nosoden, das sind potenzierte Krankheitsstoffe, wie zum Beispiel das *Tuberkulinum*, das aus realen Tuberkeln hergestellt wird, oder das *Carcinosinum*, das aus einer Krebstumorzelle potenziert wird. Es ist gut zu wissen, dass sich ab der Loschmidt'schen Zahl oberhalb der D 23 oder C 12 keinerlei Materie mehr in den Arzneimitteln befindet.

Schon seit vielen Jahren hat sich die potenzierte Eigenblutnosode bewährt. Dafür wird dem Patienten ein Tropfen Blut entnommen und entweder in der Dezimal oder Centesimal-Methode verdünnt und verschüttelt – bis man die gewünschte Dynamisation erreicht hat. Ein Tropfen Blut enthält alle Informationen des gesamten Wesens. Er 'weiß' von allen erkannten und noch unerkannten Allergien, denn im Blut spiegelt sich der gesamte Mensch. Wenn das eigene Blut nun als potenzierte Information auf eine neue Weise dem Gehirn zugeführt wird, beziehungsweise das so veränderte Energie-Kraftfeld mit dem eigenen in Resonanz tritt, finden wunderbare Umstimmungs- und Regenerationsabläufe statt. Ein Phänomen, das erst am Anfang seiner Erfahrung steht.

Sehr interessante Ergebnisse erzielten Therapeuten schon vor Jahren mit dem homöopathischen Arzneimittel *Lac humanum* – der Muttermilch einer gerade stillenden Frau. Die Forschung sammelt gerade erst Erkenntnisse von Stoffen, die den Menschen selbst ausmachen! Die so genannten Körper-Substanz-Potenzen sind wohl die individuellste Arznei, die man sich vorstellen kann. Hierfür kann Blut der Ausgangsstoff sein, aber genau so können Ausscheidungen, wie Urin, Speichel, Wundsekret einer chronischen Wunde, Menstruationsblut und andere Sekrete, potenziert werden. Die Körpersubstanzen beinhalten Informationen über das gesamte physische, psychische und mikrobiologische System des Patienten. Sie enthalten alle chemischen Stoffe und Gifte, die zur Zeit der Probeentnahme im Körper vorhanden sind. Damit erhält der Patient eine Wirksubstanz, die dem Symptomen- beziehungsweise Krankheitsbild nicht nur ähnlich (*homöo*), sondern mit diesem absolut identisch, also (*iso*) ist. Die Erfahrungen zeigen, dass mit Beginn der Einnahme das körpereigene Immunsystem aktiviert wird. Das Wesentlichste ist hier, dass für jeden Menschen nur seine eigene potenzierte Nosode hergestellt wird! Während erfahrene Therapeuten schon viele Jahre die Eigenblutnosode einsetzen, sind die eigenen Körpersekretpotenzen noch in der Probephase und werden eingesetzt in Fällen von Abwehrschwäche bis hin zu Hormonregulationen und Osteoporose-Themen.

Die Idee von Wunde – Mauer – Maske

Ananda Zaren ist eine Homöopathin, die seit mehr als zwanzig Jahren in Europa und den USA praktiziert. Sie fand einen Zugang zu den tiefen menschlichen Prozessen, der sehr bemerkenswert ist gerade im Sinne der energetischen Kraftfelder, die wir als Mensch (Patient und Heiler zugleich) verkörpern. Am Anfang ihrer Arbeit als Homöopathin fand Ananda Zaren zwar in etwa achtzig Prozent der Fälle ein ähnliches Mittel (das sogenannte *Simile*), aber nur selten das *Similimum* (das 100% passende). Es fiel ihr auf, dass sich tief im Inneren der Menschen so nichts änderte. Nach Jahren des Erforschens kam ihr die Idee, dass im Zentrum der richtigen Energie die gesamten Möglichkeiten des Menschen liegen, seine Kreativität, selbst sein göttliches Bewusstsein. In diesem Zentrum gibt es nur positive Energie, keine Dualität. Dieses Zentrum nennt sie CORE (Center of Right Energy). Es gibt eine Spiralbewegung der Energie nach außen, wobei mehrere Ebenen entstehen.

Nach Ananda Zarens Einsicht ist Krankheit eine Verschiebung des Lebens – weg vom Zentrum –, nur ein Symptom und eben nicht die Ursache. Diagnose und Behandlung müssen ihrer Meinung nach die Ursache der Energieblockaden suchen. Sie arbeitet mit der bewussten und der unbewussten Energie. Die erste Ebene ist das Core, das Zentrum der *richtigen Energie*, die zweite Ebene ist die Wunde, die dritte die Mauer oder der Wall, die die Wunde manchmal sogar vor den eigenen Augen verdecken (schützen) will.

Der ersten Ebene ist das Spirituelle zugeordnet, der zweiten der Wille, der dritten das Denken, die vierte Ebene ist die emotionale und die fünfte ist dem physischen Körper zugeordnet.

Die Wunde ist das Ereignis, das den Organismus zwingt, zu leiden (Krieg, Feuer, Missbrauch, Vernachlässigung und so weiter). Daraus bildet sich der erste Ring der Abwehr. Sie verordnete niemals aufgrund der Wunde, weil diese ein Ereignis ist und kein vom Organismus gelebter Umgang mit dem Ereignis. Es gibt zwei Arten von Wunden; große Wunden sind zum Beispiel, wenn ein Kind gleich nach der Geburt von der Mutter weggegeben oder abgelehnt wird; kleinere Wunden sind kleine Verletzungen, wie nur eine drei im Zeugnis und keine eins. Wenn sich die Schutzschicht bildet, die Mauer, produziert die Wunde Symptome. Hierfür kann der Homöopath ein passendes Mittel finden. Ihrer Meinung nach ist das die eigentliche Charakterstruktur, das Wesen des Menschen. Die produzierten Symptome können vom Asthma, über Kopfschmerzen, Ekzeme, bis hin zu Verdauungsstörungen und Ähnlichem reichen. Asthma kann die Unterdrückung von Tränen oder das Ergebnis eines zu kritischen Elternteils sein. Ein chronischer Durchfall kann für Angst stehen.

Wird weiterer Schutz aufgebaut, bildet sich die Maske. Hier, so Ananda Zaren, stecken die meisten Therapeuten bei ihrer Arbeit fest. Die Maske sei wie ein dickes Band, das sich um den Kern lege, die Fassade – nicht die innere Realität des Menschen. Der Körper lügt nicht. Wenn ein Mensch sich selbst charakterisiert, beschreibt er seine Maske.

Jedes homöopathische Mittel hat seine Maske. Man muss nach innen gehen und den Menschen hinter der Maske sehen, die nicht ständig vorhanden ist. Um herauszufinden, welche Hindernisse den Kontakt zum eigentlichen Wesen des Patienten blockieren, müssen wir die Psyche erforschen: Was und wie der Patient es sagt. So erkennt man die wirklichen emotionalen und physischen Blockaden.

Ananda Zarens Gedankengänge und ihre Erfahrungen lassen sich auf wunderbare Weise auf die Arbeit mit den energetischen Kraft- und Wirkungsfeldern von Aura-Soma-Essenzen übertragen. Die innerste Kraftquelle, das Core-Zentrum, mag sich in einer Farbe oder Farbkombination ausdrücken. Die Blockaden und Verhärtungen, die wir als Schutz aufgebaut haben, können mit der richtigen Energie (Farbe) transparenter, durchlässiger werden – aber eben nicht für alles, sondern nur für das *wortlose, bewertungsfreie* Energiefeld einer Essenz (Pomander, Quintessenz oder Equilibrium).

Die neuen resonanten Potenzen

So wie es innerhalb der Homöopathie Therapeuten der „Neuen Zeit" gibt, die aufgrund ihrer Erfahrungen neue Einsichten weitergeben, so gibt es eine neue Entwicklung (seit etwa sieben Jahren in Anwendung) in der Art und dem Verständnis des Potenzierens oder Dynamisierens – die resonante C4-Verreibung.

Diese grundlegende Weiterentwicklung der Klassischen Homöopathie beruht zuerst einmal auf der resonanten, das heißt mit innerer Beteiligung vollzogenen C4-Verreibung der Ausgangsstoffe, bevor sie in einem zweiten Schritt mit Alkohol und Wasser weiter verschüttelt werden. Der Unterschied zwischen einer insgesamt einstündigen Verreibung per Hand im Mörser mit Milchzucker pro Potenzstufe und einer nur wenige Sekunden dauernden Verschüttelung mit Alkohol in der Flasche mag auf den ersten Blick unbedeutend erscheinen – und doch bewirken beide Vorgänge nach den Erkenntnissen der C4-Homöopathie dynamisch etwas vollständig anderes. Während die Verschüttelung lediglich die Frequenz des Energiemusters des jeweiligen Mittels erhöht und somit seine Wirkung schnellschwingender und durchdringender macht, bewirkt der kontinuierliche Verreibungsvorgang die eigentliche Erhöhung der Arzneikraft, vergleichbar mit der Erhöhung der Amplitude des Energiemusters. Das grundlegende und wesentliche Geheimnis des Potenzierungsvorganges liegt jedoch in der stufenweise Milchzuckerverreibung von Hand!

Dieses Verfahren hat Hahnemann im reifen Alter durch unermüdliches Experimentieren entwickelt und hinterlassen. In sechs Phasen von genau beschriebenem Reiben und Schaben wird der Vorgang bis zur C 3 (das bedeutet drei Stunden Verreibung) betrieben. Dieser Aufwand wird leider bisher von vielen Arzneimittelherstellern bei den meisten Mitteln als nicht für notwendig erachtet und demzufolge der Einfachheit halber weggelassen. Bei der stufenweisen Milchzuckerverreibung von Hand – unter innerer Beteiligung des Verreibers – also der resonanten Verreibung, geschieht nämlich etwas sehr Geheimnisvolles. Das Wesen des Stoffes, von Hahnemann *Geistartigkeit* genannt, entfaltet sich stufenweise von einer Verreibungsstufe zur nächsten. Von einer Dimension des dynamischen oder feinstofflichen Lebensgeschehens zur nächsten:

- bei der C1-Verreibung entfaltet sich die vitalorganische Kraft des Stoffes
- bei der C2-Verreibung seine emotionale oder seelische Kraft
- bei der C3-Verreibung seine mentale oder geistige Kraft

Und das ist nun das entscheidende Neue:

- bei der C4-Verreibung seine wesenhafte oder auch spirituelle Kraft

Dieses Geheimnis der stufenweisen Entfaltung, Entwicklung oder Freisetzung der Arzneikraft bis hin zum Wesen des Stoffes selbst beruht auf der *Selbstähnlichkeit*, das heißt dem detaillierten Einbau desselben Musters in sich selbst. Die Stufen der Selbstähnlichkeit lassen sich nur über den oben beschriebenen resonanten Verreibungsvorgang entfalten – ähnlich der Obertöne verschiedener Oktaven.

Der Unterschied zu Hahnemanns Anweisungen bis zur C 3-Verreibung liegt in dem für die Neue Zeit erweiterten Schritt zur C 4 – der spirituellen Kraft. Es ist das besondere Talent des Homöopathen Witold Ehrler, dass er nach einer solchen resonanten C 4-Verreibung, während einer Art Meditation, häufig innerlich vollständige Texte vernimmt, in denen sich das Wesen des verriebenen Stoffes selbst genau, deutlich und umfassend formuliert. Jeder Stoff hat dabei etwas Wesentliches über das Leben, die Welt und das Menschsein auszusagen.

Zur Handhabung von Dosierung und Potenzwahl

Aussagen zur Dosierung und Potenzwahl zu machen, ist ein wirklich schwieriges Thema. Es gibt ein paar Richtlinien für Interessenten, die in diese großartige Heilkunst einsteigen möchten. Menschen, die schon eigene Erfahrungen an sich selbst mit Homöopathie gesammelt haben, wissen, wann *ein Mittel greift und wann nicht*. Da dies eine sehr individuelle Angelegenheit und die Reaktion von vielen Faktoren abhängig ist, sind Verallgemeinerungen völlig fehlt am Platz. Dieses Buch kann auf keinen Fall den Rat oder die Anweisung eines erfahrenen Homöopathen ersetzen – und wenn Sie gerade in einer konstitutionellen Behandlung mit Hochpotenzen sind, sollten Sie auf jeden Fall mit ihrem Behandler Rücksprache halten, selbst dann, wenn Sie eins der beschriebenen „Erste Hilfe-Mittel" nehmen wollen.

Homöopathische Arzneimittel gibt es in Tablettenform, Tropfen, Salben und Globuli. Gerade die Globuli (*globus* = Kugel) haben sich für Einnahmen gut bewährt, nicht nur bei Kindern. Diese Milchzuckerkügelchen lassen sich einfach verabreichen, können beim Verschütteln wieder eingesammelt werden und sind wegen ihrer Handlichkeit in der Haus- und Reiseapotheke beliebt. Zwei Globuli enthalten alle Informationen. Eigentlich schon ein Globuli, aber sicherheitshalber kann man ein zweites nehmen. Wenn starke Symptome da sind, hilft es *nicht*, ein paar Globuli mehr zu nehmen, sondern dann kann man die Abstände der Einnahme verkürzen, also eine häufigere Einnahme vornehmen.

Ein homöopathisches Mittel wird normalerweise ohne Flüssigkeit eingenommen. Man lässt es einfach im Munde zergehen, wo es über die Mundschleimhaut aufgenommen wird – es sei denn, es wurde vom Homöopathen eine Verdünnung gewünscht. Falls verdünnt werden soll, löst man zum Beispiel zwei Globuli (oder eine Tablette oder drei Tropfen) in einem normal großen Trinkglas mit kohlensäurefreiem Wasser auf und verrührt sie mit einem Plastiklöffel. Meistens braucht man dann nur einen Schluck zu nehmen, also etwa einen Teelöffel voll. Es ist nicht erforderlich, das Glas mit einem Schluck auszutrinken). Auch Babys und Kleinkindern kann man diese Gaben geben, bei ihnen wird dann der Punkt der Wiederholungsgabe hinausgeschoben – je nach Fall. Hat man eine Gabe genommen, sollte man zehn bis fünfzehn Minuten mit dem Essen warten.

Bei akuten, nicht aber bedrohlichen Symptomen gibt man im Allgemeinen die D 6 oder die D 12, letztere wirkt besser und schneller, *wenn* das Mittelbild wirklich übereinstimmt. Ein guter Start einer Behandlung, vor allem bei Tiefpotenzen (bis D 12), ist die Doppeldosis – zwei Gaben im Akutfall in etwa zehn Minuten Abstand. Der Vorteil bei dieser Dosierung ist, sie reicht in den meisten Fällen, um relativ bald zu sehen, ob man mit der Mittelwahl richtig liegt.

Die günstigen Einnahme-Intervalle hängen stark von der Heftigkeit der Beschwerden ab. Bei der D 6 kann das dreimal täglich eine Gabe sein, wenn es sich um geringfügige Beschwerden handelt. Stündlich oder alle zwei Stunden empfiehlt sich bei starken akuten Symptomen (zum Beispiel hohes Fieber) und alle paar Minuten in Notfällen (bei Schock).

Kurze Einnahmeintervalle, wie ein- oder zwei-stündlich, sollte man allerdings nur für kurze Zeit beibehalten! Bei beginnender Besserung sind sofort erheblich größere Intervalle angeraten – außer wenn danach der *gleiche* Zustand wiederkehrt.

Die Goldene Regel in der Homöopathie-Gabe lautet:

- *So wenig wie möglich – so oft wie nötig.*

So lange die Besserung deutlich und gut fortschreitet, kann die Arznei ganz ausgesetzt werden. Sie wirkt noch weiter im Organismus! In seltenen Fällen wird dies auch bei Tiefpotenzen schon mit einer einzigen Einnahme erreicht. Hier liegt ein deutlicher Unterschied zur Phytotherapie (Pflanzenheilkunde).

Wie lange muss man nun die Arzneigabe fortsetzen, um beurteilen zu können, ob die Arznei die richtige ist? Dies hängt davon ab, wie tief die Krankheit im Organismus verankert ist, von der Stärke des Abwehrmechanismus und davon, wie akut der Zustand ist. Auch wirken hohe Potenzen (zum Beispiel C 30) schneller als tiefe und sollten daher in Notfällen bevorzugt werden.

Bei einem Fieberkrampf oder Krupphustenanfall kann und darf man erwarten, dass das richtige Mittel *in wenigen Minuten* eine Entspannung bringt (später sollte man dann an eine konstitutionelle Weiterbehandlung denken). Bei einem typischen *Aconit*- oder *Belladonna*-Fieber sollte man bei einer D 12 schon nach drei bis fünf Stunden eine deutliche Erleichterung erkennen (dies ist noch keine Heilung!). Man wird die Besserung und Mittelwirkung aber nicht wahrnehmen, wenn man nur auf das Fieber fixiert sind. Wenn eine Entspannung, weniger Ängstlichkeit oder Unruhe und mehr inneres Wohlbefinden auftritt, arbeitet der Organismus erkennbar in die richtige Richtung. Besonders Kinder schlafen sich oft nach einer Arznei gesund. Das Fieber geht in Folge erst nach unten, wenn der Körper es nicht mehr braucht. Schnell fortschreitende Entzündungsprozesse bei vorher schon geschwächten Menschen sind dagegen gefährlich und kein Fall für eine Selbstbehandlung. *Die Homöopathie hat dort ihre Grenzen, wo der Körper einen Reiz nicht mehr sinnvoll beantworten kann.*

Gibt es nach vorübergehender Besserung einen Rückfall oder bleibt ein Krankheitsrest übrig, ist zu prüfen, ob der Zustand noch dem gegebenen Arzneimittel entspricht. Wenn ja, wiederholt man das Mittel, andernfalls erfordert es vielleicht ein Folgemittel. Man sollte vermeiden, eine immer größere Anzahl von Arzneien hintereinander oder gar gleichzeitig zu geben, damit wirft man den Organismus nur hin und her – denn er ist bemüht, jeden Reiz mit einer Wirkung und Gegenwirkung zu beantworten.

Bei Kleinkindern kann man eine in Wasser aufgelöste Dosis auch auf empfindliche Hautstellen auftragen, in die Ellenbeugen oder um den Nabel einreiben sowie auf die Stirn tupfen. Es mag seltsam klingen, aber bei sehr sensitiven Menschen bedeutet *selbst ein Riechen* der Arznei (die nach nichts duftet) eine Einnahme. Es geht offensichtlich allein um den Kontakt mit dem energetischen Kraftfeld).

Mit einigen Mitteln ist besonders in Tiefpotenzen (bis D12) Vorsicht geboten, dazu gehören zum Beispiel die metallischen Mittel, wie *Mercurius* und *Phosphor,* oder die Gifte, wie *Arsen* und *Lachesis*. Mittel, die eine starke Beziehung zur Gebärmutter haben, sollten bei Schwangeren nur von erfahrenen Homöopathen eingesetzt werden.

Lassen Sie sich von den Angaben zur Dosierung und Potenzierung nicht verwirren. Die Homöopathie ist eine wunderbare Heilkunst und sicherlich nicht durch ein oder zwei Bücher in kurzer Zeit zu erlernen. Vielleicht veranlasst es Sie, sich mehr und mehr dafür zu interessieren, und zum Beispiel ein Buch von Georgos Vithoulkas zu lesen, dem großen Homöopathen, der jetzt auf einer griechischen Insel behandelt und lehrt. Er formulierte die folgenden wichtigen Sätze: „Gesundheit ist die

Freiheit zu einer uneingeschränkt kreativen, sich und andere beglückenden Lebensgestaltung. So ist Gesundheit die Freiheit von falschen Zielsetzungen, insbesondere von Selbstsucht auf der Geistesebene, eine vollständige Orientierung an den wahren Werten. Sie ist Freiheit von übergroßen Leidenschaften auf der emotionalen Ebene, ein Zustand dynamischer Ausgeglichenheit und heiterer Gelassenheit. Sie ist das Freisein von Unwohlsein und Schmerzen auf der körperlichen Ebene, ein Zustand körperlichen und seelischen Wohlbefindens."

Vithoulkas ist – wie Ananda Zare, Paul Herscu und viele andere – ein großer Vertreter der Klassischen Homöopathie, bei der möglichst ein Mittel, nämlich das so genannte Konstitutionsmittel, für die Gesamtheit des Patienten gefunden wird. Es gibt deshalb auch keine prophylaktischen Mittel, nach denen immer wieder gefragt wird. Wenn die Lebenskraft noch nicht 'verstimmt' oder 'verschoben' ist, braucht man der geistartigen *Dynamis* keine Korrekturanleitung zu geben.

Dafür gibt es die Erste-Hilfe-Mittel wie *Arnika*, wenn man nach einem Sturz heftige blaue Flecken oder eine Gehirnerschütterung erlitten hat, und es gibt *Staphisagria*, wenn man sich durch eine Glasscherbe einen langen glatten Hautschnitt zugefügt hat und blutet, oder man hat *Okoubaka*, wenn man im Urlaubsland fremdes Essen überhaupt nicht vertragen hat.

Es ist in der Natur so eingerichtet, dass jede Kraft eine Gegenkraft aufweist. Es gibt Teilchen und Antiteilchen in den Atomen, es gibt Gift und Gegengift. So hat jedes homöopathische Mittel ein Gegenüber, das die Wirkung des Mittels abschwächen, ja sogar löschen kann. Wenn man also ein homöopathisches Konstitutionsmittel einnimmt, ist es sinnvoll zu wissen, welches die Gegenkräfte zu diesem Mittel sind. Der Homöopath hat dazu Listen und Bücher, in denen aufgeführt ist, welche Arzneien komplementär (ergänzend) oder antidotierend (löschend) sind. Der natürliche *Kampfer*, das in vielen stark nach Menthol riechenden Substanzen enthalten ist, gilt als eines der ganz großen Antidote in der Homöopathie. Für manche Arzneien ist Kaffee, bei anderen Essig löschend. Im

Akutfall nimmt man darauf nur bedingt Rücksicht, weil die aktuelle Situation das Handeln bestimmt, danach kann man sich erkundigen oder klären, ob das eventuell darunter wirkende Basismittel beeinträchtigt wurde.

Ich will an dieser Stelle einmal anschaulich machen, was auf einer inneren Ebene geschehen kann, wenn man eine resonant potenzierte Dosis *Okoubaka* C4 einnimmt, um die Vielfalt und Genialität eines einzigen *kleinen,* das heißt weniger häufig geprüften Mittels zu zeigen. *Okoubaka* ist die Rinde eines westafrikanischen Baumes und gilt als bewährtes Entgiftungsmittel bei Magen-Darm-Erkrankungen in fremden Ländern aufgrund des ungewohnten Essens. Witold Ehrler bekam in seiner Verreibung und damit Prüfung des Mittels zu folgenden Aussagen: „*Okoubaka* – das Ende einer unfruchtbaren Beziehung: ihr haltet euch an vielerlei äußeren Gerüsten fest, die euch mehr hindern, denn fördern. Das hat seinen einfachen Grund in der Geschichte selbst, bei der ihr immer wieder Gerüste braucht, um in deren Rahmen etwas Wahres, euch Gemäßes aufzubauen. Aber jedes Gerüst, jede Stütze, jeder Rahmen hat natürlich nur eine für ihn selbst bestimmte Phase, in der dieser seinen Sinn und seine Berechtigung trägt. Danach muss er wieder abgebaut werden, um den weiteren Wachstumsweg nicht zu behindern.

Das Loslassen einer euch einst treu dienenden Stütze ist natürlich immer ein mehr oder weniger schmerzhafter Prozess, der für die andere Seite (also auf der Seite der Stütze, dem Gegenüber) immer undankbar aussieht, selbst wenn er es gar nicht ist. Im Gegenteil ist die Ablösung von einer Stütze eigentlich ihre wahre Würdigung, zeigt sie doch in der Regel, dass diese ihren Dienst vollendet hat. Nur durch den Punkt, dass mit der Stütze etwas anderes verknüpft wurde, was dem fördernden Verhältnis selbst gar nicht eigen war, wird dann ein tiefliegendes Beziehungsproblem erzeugt, das gewöhnlich *unverdaulich* ist. Ihr findet dieses Problem fast bei allen Eltern-Kind-Verhältnissen vor, wenn jene ihren Kindern gegenüber eine Erwartung hegen und etwas Nichtgelebtes stellvertretend für sie leben lassen.

In solchen extremen Verhältnissen, aus denen es scheinbar kaum mehr ein Entrinnen gibt, da auf der einen Seite die fördernde Stütze Erwartungen hegt, die über ihren eigenen, für sie bestimmten Rahmen hinausgehen, und auf der anderen Seite der Wachstumsprozess nicht richtig angetreten werden kann, da die einst fördernde Stütze nicht als weiteres Hemmnis erkannt werden kann, braucht ihr mich – die Okoubaka-Rinde. Ich *(ent)-scheide* ganz deutlich, ob ihr in dem, was ihr seid, etwas vorfindet, das euch weiterhin dient – oder ob es bereits überfällig ist, sich von diesem zu trennen, da sonst ein notwendiger Verfaulungs- und damit letztendlich ein Vergiftungsprozess für euch einträte.

Wenn ich in eure Welt trete, ist dies schon meist sehr überfällig geworden (ich bin so eine Art „Notprogramm"), und die Beziehung zum Außen ist durch und durch unfruchtbar, wenn nicht gar schon für euch zersetzender Art. Ihr habt euch dann schleunigst von dieser Stütze zu trennen, die euch nun mehr Energie in ihrer Aufrechterhaltung kosten würde, als sie euch jemals wieder geben kann.

Okoubaka dient also der Trennung unfruchtbarer Beziehungen, deren innere Eigenart es war, eine dienliche, förderliche Stütze nur für eine gewisse Zeit gewesen zu sein... Meine Entgiftung muss auch nicht auf Personen beschränkt sein. Sie gilt allen Arten von Stützen und Gerüsten, was immer dies jeweils ist.

Aber wie trenne ich euch voneinander? Indem ihr dem anderen gegenüber, von dem ihr euch zu trennen habt, nicht etwa eine größere Abscheu empfindet, als es unbedingt notwendig wäre, um euch endlich die Augen aufzutun (wie dies etwas *Nux vomica* – die Brechnuss – täte), nein, bei mir bekommt ihr einfach vollständiges Desinteresse geschenkt. Die Ablösung erfolgt also weniger dramatisch und nicht in einem Kontrastprogramm. Es fehlt euch also in mir der verstärkende Reiz. Es ist mehr eine Förderung eures Wachstumsweges durch eben dieses Desinteresse, da mein Thema die Förderung selbst ist. Und doch wirke ich aus dem C4-Pol des immanenten Feldes heraus, weil ich eine Art Notprogramm bin.

Der C4-Pol dient euch vor allem, wenn ihr in eine Situation geratet, die ihr selbst nicht mehr zu lösen vermögt, bei der es aber nicht darum geht, ein anstehendes Thema zu bewältigen, sondern im Gegenteil es von euch zu nehmen oder zumindest es abzumildern oder letztendlich sogar es stellvertretend für euch zu lösen. Der C4-Pol steht immer für Situationen, die keine innere Lösung mehr kennen, in denen das Gegenteil der Kraft mit seiner inneren Wendemöglichkeit erforderlich wird, also bei dem ihr letztendlich in das Thema des Goldes geraten werdet, wie fern dies auch immer sei."*

Die Vorstellung, dass jedes resonant potenzierte Arzneimittel und die bisher üblich potenzierten zumindest in Ansätzen solche Informationen in ihren Schwingungsfeldern tragen, lässt erahnen, welche Hilfestellungen uns durch die Homöopathie gegeben werden. Wir könnten dies wertschätzen und sinnvoll einsetzen lernen.

Gleiches gilt für die Aura-Soma-Therapie. Wir können den roten Pomander als Erste-Hilfe-Essenz in unser Energiefeld, die Aura, einfächeln und die aktivierende Energiewelle annehmen. Was die Aktivierung auf der organischen oder der funktionellen Ebene in uns auslöst, kann sich ähnlich bewusst, paradoxerweise umkehrend, auf einer der gleichzeitig aufnehmenden geistig-seelischen Ebenen ereignen. Wenn wir uns, ähnlich einem Basismittel auf homöopathischem Weg, täglich mit einem Equilibrium unserer Wahl unterstützen, was nähren wir da innerlich in der Tiefe unseres Seins? Die Botschaften von Mike Booth für die Essenzen sind ähnlich denen von Witold Ehrler – sie offenbaren uns feinstoffliche Geschenke unermesslicher Art.

In der Homöopathie erwartet uns mit den höheren Entschlüsselungen des Arznei-Wesens als Hochpotenzen eine Intensivierung der Information – und auch der Heilungschancen. Die Parallele bei Aura-Soma findet sich in den Pastelltönen, die helleren Farben (die zunächst einfach verdünnt und leichter aussehen) sind letztendlich eine Intensivierung der wirkenden Qualitäten. Auch hier ist wieder klar eine der

* Homöopathische Postille Nr. 11, 2001 von Witold Ehrler, zu beziehen über Petra Held, Fuchsstr. 3, 79102 Freiburg

Gemeinsamkeiten in der energetischen Wirkungsweise zu erkennen.

Bei der kleinen Auswahl der skizzierten homöopathischen Mittel bestimmte ich ein paar der gängigen Erste-Hilfe-Mittel, davon ausgehend, dass *Arnika, Pulsatilla* oder *Nux vomica* aus Haus- und Reiseapotheke bekannte Qualitäten sind, und versuchte das bekannte Wissen zu erweitern auf das, was hinter diesen Energiefelder möglicherweise noch stehen kann. Aus der größeren Reihe der „Notfall-Mittel" wählte ich bewusst jene aus, die zum Beispiel die Gemütssymptome *Mangel an Vertrauen* oder *Angst vor Trennung* zum Thema oder in einer speziellen Weise mit der *Liebesfähigkeit* zu tun hatten. Im Prinzip haben wirklich *alle* Arzneimittel in irgendeiner Hinsicht etwas mit einer Korrektur im Verhalten in/durch/mit der Liebe zu tun – sonst wären sie ja als Heilmittel nutzlos. Im Hinblick auf die Aura-Soma-Essenzen ist dies offensichtlich, da es bei diesen auch um Stärkung des Vertrauens, um Verbundenheit und Trennung, um das Wiederfinden in der bedingungslosen Liebe und so weiter geht.

In dem Buch „Aura-Soma und die Chakras" ist wunderbar beschrieben, wie selbst jede Farbe noch einmal das gesamte Spektrum beinhaltet. In der Homöopathie ist es auch so, dass innerhalb eines Mittels sich ein vielfältiges Spektrum an manchmal paradox wirkenden Symptomen zeigt. Lassen Sie sich in die Essenzen dieser vielseitigen Varianten begleiten, es ist immer ein roter Faden vorhanden, auch wenn es für Laien ganz zu Anfang noch nicht so aussieht.

MITTEL BEI MANGEL AN SELBSTVERTRAUEN
(alphabetisch geordnet)

ARNICA MONTANA – BERGWOHLVERLEIH

Bei der *Arnica*, dem „Bergwohlverleih" – ist jede Blüte der Wirt von einem sich einnistenden Käferchen und hat vermutlich mehr Menschen von der Wirksamkeit der Homöopathie überzeugt als jedes andere Mittel. Es ist das ideale Mittel zur Behandlung kleinerer Alltagsverletzungen – angefangen bei blauen Flecken, über Verstauchungen und Prellungen zu Schürfwunden, und es kann sogar bei Gehirnerschütterung eingesetzt werden.

Arnika dient dazu, um auf die Wunden dieser Welt zu sehen und das zu würdigen, was nach gesellschaftlichen Kriterien keinen Arbeitswert mehr darstellt und missachtet wird (Alte und Behinderte).

Für *Arnika*-Menschen gibt es in dieser Welt etwas zu erledigen, was getan werden muss – es gilt zu arbeiten, nicht zu philosophieren. Eine Frage nach dem Warum gibt es nicht. Das Offensichtliche muss getan werden, um zu leben, um nicht zu hungern, um über den Winter zu kommen, um im Alter vorgesorgt zu haben – doch dann können diese Menschen nicht aufhören. Für das Erledigen der Offensichtlichkeiten haben sie viele Verletzungen in Kauf genommen. Nun gilt es daran zu erinnern, sich zu verzeihen und außer Arbeit noch das Leben mit einzubeziehen, sich in andere einzufühlen, sich vorzustellen, wie es den anderen geht. Dabei sollten sie die eigenen Grenzen und die der anderen beachten, Arbeit und Verantwortung abgeben und delegieren lernen.

Die Psyche des *Arnika*-Menschen ist leicht erregbar, positiv wie negativ. Sie sind treu, unkompliziert und haben ein weiches Herz. Sie können sehr eigensinnig sein, und manchmal kann ihnen nichts recht gemacht werden – deshalb machen sie alles schon selber. Sie beharren auch in ernsten Krankheitsfällen darauf, nicht krank zu sein. Sie hassen Arznei, es könnte ja Gift sein. Sie wollen nicht berührt werden, weder körperlich noch emotional, alles soll außerhalb ihrer Grenzen bleiben – mit einer gefühlvollen Massage tut man einem *Arnika*-Charakter nichts Gutes. (Hier ist der Unterschied vielleicht zu verstehen, dass jemand bei einer akuten Verletzung sehr wohl gut auf *Arnika* reagieren kann, deswegen ist es aber nicht sein Konstitutionsmittel). Sie wirken eigentlich gesellig, auf sie kann man sich auch verlassen, innerlich sind sie aber Einzelgänger aus Angst vor Verletzungen. Dieser rote Faden zieht sich durch bis in die Sexualität, und bei Männern kann es zu fehlender oder schmerzhafter Erektion kommen, während Frauen aus Angst die Penetration vermeiden. Sogar der Gebrauch von Tampons kann als Verletzung empfunden werden.

Ihre Ängste und Unsicherheiten beziehen sich auf das Unvorhersehbare. Sie empfinden *Angst vor jeder Annäherung, aus der Furcht heraus, geschlagen oder irgendwie verletzt zu werden*. Oft fühlen sie sich wie „geprügelt" oder „zerschlagen", deshalb lenken sie sich lieber ab und arbeiten hart und unermüdlich nach dem Motto: Was uns nicht umbringt, macht uns nur härter.

Vom Aussehen her sind es kräftige, gesund wirkende Menschen, mit roten Backen und windgegerbter Haut – etwa so wie ein Bergbauer, der die Natur liebt und bei seiner Arbeit nicht über Esoterik philosophiert. Wenn Beschwerden auftauchen, dann empfinden sie überall am Körper ein wundes, zerschlagenes Gefühl und werden *überempfindlich für Schmerz*. Sie neigen zu Kopfschmerzen durch Blutandrang und leiden häufig unter Nasenbluten. *Herz und Gefäße* werden angegriffen, und Schlaganfälle sind möglich. Viele Herzstörungen und Angina pectoris sind für sie bekannte Leiden; auch Furunkulose, Gicht und Rheuma, dann jeweils mit heftigen Schmerzen. Für

Wunden ist *Arnika* ein bewährtes Mittel, das Vereiterung und Blutvergiftungen verhindern kann. Es ist im wahrsten Sinne des Wortes „unschlagbar“, wenn es um die Resorption von Blutergüssen geht, um Wundheilungen nach Operationen, um Kopfverletzungen und alte Verletzungen, die kuriert werden sollen. Auch heftiger Muskelkater nach Überanstrengung verbessert sich.

Ursachen: Folge von Traumata. Etwas war „ein harter Schlag“. Bei Schock, Schlag, Fall, nach Operationen, als Folge von Überanstrengungen (zum Beispiel nach einer langen Bergtour) oder bei finanziellen Verlusten.

Verschlechterung: Abends, nachts, durch leichte Berührung, kann nicht hart liegen, durch Ausruhen und durch Lärm.

Besserung: Rasten und Ruhen, kalt baden, dauernder Lagewechsel im Liegen, Aufenthalt im Freien.

AURUM METALLICUM – METALLISCHES GOLD

Verwendet wird gefälltes Gold. Bei *Aurum* haben wir es mit dem Gold, dem Strahlenden, dem Leuchtenden zu tun. Gold galt als ein Geschenk der Sonne. Die eingeweihten Alchemisten des Mittelalters versuchten aus der Einsicht innerer und äußerer Prozesse, die unedlen Metalle (Planetenkräfte in uns) zum Sonnengold der Herzensmitte zu erheben. Den Inkas wurde durch die spanische Eroberung „das Gold geraubt“, was die Verbreitung der Syphilis in Europa nach sich zog (Gold hat Bezug zu Quecksilber, dem Heilmittel für diese Seuche).

Aurum-Menschen haben eine starke Natur und charismatische Ausstrahlung, Zuverlässigkeit und Gottesnähe. In ihrem Wirkungsfeld kann für andere ihre innere Sonne scheinen. Sehr wichtige Themen für *Aurum* sind „Geld, Arbeit und Pflicht“. Sie arbeiten sehr fleißig und beherzt, werden nie fertig und sind stets von der Arbeit in Anspruch genommen. Der Aurum-Typ fühlt sich auserwählt für seinen Beruf, aber „er wird es schwer haben“, er neigt zu Überforderung. Dabei kann er diktatorisch und hochmütig sein. Er wirkt unbeeinflussbar und verträgt keinen Widerspruch. Es gibt unter ihnen gute Führungskräfte, die

Verantwortung und Risiko übernehmen – doch wenn es zum Sturz kommt und ihr Ehrgefühl verletzt wurde, wächst die angelegte Melancholie bis in die Depression, kann im Extremfall zum Selbstmord führen. Seine Sehnsucht nach der „anderen" Welt taucht dann aus dem Unbewussten auf und plagt ihn. Sie können auch religiöse Melancholie entwickeln, bis hin zum zwanghaften Beten, und trotzdem an ihrem Seelenheil zweifeln. Die Gottesbeziehung wird als Geschäftsbeziehung missverstanden.

Sein Mangel an Selbstvertrauen bezieht sich auf die *Angst, Fehler zu machen und auf die Angst, seine Pflichten zu vernachlässigen*.

Körperlich wird diese Angst im Herzen gespürt. Die Symptome betreffen schnell zentrale Organe wie Herz, Gefäße, Gehirn und Knochen. Auffallend ist, dass die *Kopfschmerzen* und auch *Knochenschmerzen* eher nachts auftreten. Hoher Blutdruck, Herzrhythmusstörungen und Arteriosklerose sind häufig.

Das Kinderbild von *Aurum* zeigt eher sensible, sehr pflichtbewusste Kids, die sich selbst Leistungsdruck machen. Sie können auch zu „Strebern" werden.

Ursache: Folgen von Kummer, enttäuschter Liebe, Ehrverletzung, Verlust von erarbeitetem Eigentum (zum Beispiel Firmenbankrott).

Verschlechterung: „Verdunkelte Sonne" – alles ist schlechter nachts, Verschlimmerung von Sonnenuntergang bis Sonnenaufgang, Lärm, geistige Anstrengung, trübes Wetter, Winter, Abkühlung.

Besserung: Am frühen Abend, kühle, frische Luft, Musik und Bewegung, Beten (*seine* Religion leben), wenn die Sonne scheint (auch die innere).

CALCIUM CARBONICUM – CALCIUMKARBONAT

Verwendet wird das Innere (Kalk) einer Austernschale. Es ist ein sehr wichtiges (und gut geprüftes) Mittel, besonders für Kinder, wo es öfters wiederholt werden kann, bei Erwachsenen dann in selteneren Gaben, wenn es noch das Basismittel ist.

Kalk kommt im Gebirge und im Skelett vor – und dem *Calcium*-Menschen fehlt es an Festigkeit und Struktur. Er zeigt eine langsame Entwicklung (Stützfunktion), lange, offene Fontanellen und neigt zu Rachitis und Osteoporose. Kalk hat im Erdboden und im Blut Säurepufferfunktion – im Menschen neigt es zu Übersäuerung und sauren Schweißen. Kalk kommt in der Muschelschale, in der Hirnschale und in der Zellmembran vor, als Zeichen von Abschirmung und Schutz – die *Calcium*-Menschen sind empfindlich, ängstlich, schüchtern und scheu. Sie haben eine schwache Immunabwehr und verstecken sich lieber in ihrer Häuslichkeit. In den Nerven, Muskeln und im Herzen reguliert es die Erregbarkeit – die Menschen erschrecken sehr leicht, bekommen schnell Herzklopfen, sind schnell erschöpft, schwach und schlaff. Kalk kommt in der Milch vor – die Menschen vertragen keine Milch und haben Assimilationsprobleme in der Aufnahme von Calcium aus der Nahrung. Die Austern im Meer müssen sich den Gezeiten anpassen – die Menschen werden von den „Gezeiten des Lebens" und der Natur gebeutelt, sie sind sehr stimmungsschwankend während der wechselnden Mondphasen; bei Vollmond wirken *Calcium*-Gaben besonders gut, denn viele Symptome sind dann schlimmer.

Der gesunde *Calcium*-Mensch ist ein absoluter Harmoniemensch – er braucht sie sehr und kann sie auch geben. Es sind die idealen Familienmenschen, die im gemütlichen Zuhause mit ihren Lieben zusammen sind und den Kindern und gerne auch den Haustieren ihre Geborgenheit und Fürsorge zukommen lassen. Beruflich sind sie gerne in dienenden Berufen, als Krankenpfleger, Grundschullehrer, Koch, Masseur oder Gemeindepfarrer. All das natürlich auch in weiblichen Varianten.

Das Aussehen der Kinder ist eher korpulent, schlaff, blass mit leichtem Erröten, mit dicken Bäckchen, großem Kopf, dicken Bäuchlein und feuchtkalten Händen. Sie wirken wie liebe, knuddelige Teddybären. Sie entwickeln sich langsam, krabbeln wenig und lernen spät laufen. Sie sind eher lieb und brav, stellen nichts wirklich an, um bloß die Liebe der Mutter nicht zu provozieren.

Calcium-carbonicum-Menschen sind *häufig erkältet*. Mehrmals im Jahr plagen sie Schnupfen mit verstopfter Nase und immer wiederkehrende *Ohrentzündungen* und *Bronchitiden* (quälender Kitzelhusten nachts). Sie brauchen lange, um sich von etwas ganz zu erholen (haben lange noch geschwollene Lymphknoten an den Halsseiten) und neigen zu Rückfällen.

Ihre Beschwerden von Sodbrennen kommen unter anderem von den vielen Süßigkeiten, an denen sie einfach nicht vorbei können.

Ein deutliches Wesensmerkmal von *Calcium* ist eine *Urangst und Schwäche,* daher das große Bedürfnis nach Schutz. Die Menschen sind sehr darauf bedacht, dass ihr *Mangel an Selbstvertrauen* von anderen nicht bemerkt wird. Sie sind große Angsthasen, wobei das Objekt der Angst nicht so entscheidend ist wie die Ängstlichkeit an sich. Die Kinder wollen nicht ins Bett, weil sie Angst vor dem Einschlafen haben, Angst vor dem Sterben, vor einem möglichen Unglück. Sie haben Alpträume, ausgeprägte Höhenangst und sehr viele Erwartungsängste. Sie sind übervorsichtig, und ihre Angst steigt vom Magen (Solarplexus) zum Hals hin auf. Es geht ihnen schlecht, wenn sie von schrecklichen Dingen hören. Sie können keine Krimis schauen und lesen möglichst keine Nachrichten. Sie fühlen sich leicht beobachtet, und es macht ihnen etwas aus, wenn jemand schlecht über sie denken könnte.

Manchmal können sie sehr *eigensinnig* sein, das ist dann ihre andere Seite, die Strategie, mit der ein *Calcium*-Mensch seine Verletzlichkeit zu schützen weiß. Da können sie richtig dickköpfig werden und verdrießliche, ärgerliche Wutanfälle ausleben. Aus dem Schutzbedürfnis heraus begeben sie sich leicht in Abhängigkeiten, lassen sich leicht hypnotisieren und bewundern Gurus und ähnliche große Wesen.

Sie erkälten sich bei jedem Wetterwechsel, was durch ihre Feuchtigkeit (sie schwitzen leicht) und Frösteligkeit begünstigt wird. Sie neigen zu chronischer Nasenverstopfung und lange geschwollenen Lymphknoten. Keine Seltenheit in diesem Arzneimittelbild sind *gutartige Wucherungen* wie Warzen, Polypen, Myome und Ähnliches.

Sie sind bekannt für ihre Allergieneigung, für Neurodermitis und dicken, übelriechenden Milchschorf.

Ihre Langsamkeit in den Bewegungen und im Begreifen zeigt sich auch in der Neigung zu Verstopfung ohne Stuhldrang.

Ursachen: Überforderungen und Anstrengung allgemein. Bei langanhaltendem Stress werden sie immer anfälliger. Ausgelacht zu werden, hat negative Folgen.

Verschlechterung: Durch jede übermäßige Anstrengung, bergauf gehen oder enge Kleidung. Feuchtigkeit und Kälte (provoziert Rheuma). Milch bekommt schlecht. Stehen verschlimmert, und der Vollmond hat negative Auswirkungen.

Besserung: Bei regelmäßigem Ausdauersport, bei unterstützenden Freundschaften, im Liegen, beim Singen, bei trockener Wärme.

CHAMOMILLA – KAMILLE

Verwendet wird die Tinktur der gesamten frischen Pflanze der Kamille.

Der rote Faden durch die Symptome ist die widerwärtige, plötzliche und schroffe Reizbarkeit. Chamomilla-Menschen tun nur, was sie wollen – sie wollen um keinen Preis „müssen". Ein Leitmotiv von ihnen könnte sein: Ich bin der Geist, der stets verneint.

Die Probleme zeigen sich im zentralen Nervensystem, durch eine schmerzhafte Steigerung der Sinnesfunktionen, gefolgt von einer bemerkenswerten Schwächung der Lebenskräfte und einer Störung der geistigen Fähigkeiten. Der Betreffende hat eine sehr geringe Schmerztoleranz.

Chamomilla ist hochgradig emotional, temperamentvoll und überempfindlich, dabei sehr extrovertiert. Es passt häufig bei Krankheiten Schwangerer, bei stillenden Müttern sowie bei kleinen Kindern. Die Idee ist ein Mangel an Abschirmung und fehlender Schutz. Es ist paradox, sie brauchen die Nähe des anderen, treiben diesen aber bis zur Weißglut.

Wenn sie Schmerzen haben, kann das zittrige Furcht und heftige Panikattacken auslösen. Bei Trost flippen sie regelrecht aus und wollen nicht einmal angesehen werden. Sie können übellaunig sein, gereizt bis zur Raserei, und ihr Schmerz kann sie zum Wahnsinn und zur Verzweiflung treiben. Sie empfinden große Schwäche, bei Schmerzen bis zum Umfallen, und haben ein Taubheitsempfinden und schon vorher schmerzende Stellen. Bekannt sind *wiederkehrende Krampfanfälle (Koliken)* im Bauchraum; dann benetzt heißer Schweiß den ganzen Kopf.

Wenn Kinder schwer zahnen, ist *eine Wange rot und heiß* (die andere nicht), sie sind von heftigen Schmerzen geplagt und haben grünlichen Durchfall. Eltern gelangen dabei schon manchmal an ihre Belastungsgrenzen. Das Kind ist dann in jeder Hinsicht „sauer", nicht nur psychisch. Der ganze Körper und auch der Stuhl riechen sauer.

Ursache: Folgen von Zorn, Demütigung, Kritik, Verweise oder gar Strafe. Während der Zahnung bei Kindern. Nach Unterdrückung von Schweißen (kann dann auf das Gemüt schlagen).

Verschlechterung: Ärger und Zorn macht alles noch viel schlimmer. Kalte und feuchte Luft, Hitze und warme Speisen verschlechtern ebenfalls. Sie haben starkes Verlangen nach Kaffee, vertragen ihn aber nicht. Negative Folgen von Narkotica und Alkohol. Langes Liegen im Bett, Musik und Berührung werden als sehr angenehm empfunden.

Besserung: Beim Zahnen der Kinder scheint nur Herumtragen zu helfen. Kinder, die sich durch Schmerz in einen hysterischen Krampf hinein geschrien haben, benötigen starkes Festhalten oder kräftiges Schütteln (müssen Halt spüren). Passive Bewegung hilft (will bei Schmerz im Auto gefahren werden). Mildes Wetter, Kälteanwendungen, Schweiße erleichtern.

IGNATIA – IGNATIUSBOHNE

Verwendet wird die Tinktur der Samen von Ignatiusbohnen (*Ignatia amara*). *Ignatia*-Menschen sind sehr feinfühlige, künstlerisch Interessierte und dem Romantischen aufgeschlossene Menschen. Sie bleiben einer Sache oder einem Menschen treu, auch wenn es schlechte Zeiten geben sollte. Sie sind die Hüter von Kunst und Kultur. Als Archetyp stehen sie für „die verkehrte Welt". Es heißt, wenn sich *Ignatia* das Leben in einem strömenden Fluss nehmen würde, fände man sie stromaufwärts. Es gibt viele paradoxe und wechselhafte Symptome in dem Arzneimittelbild. Ein Zeichen der reifen *Ignatia* wäre, wenn sie Entscheidungen alleine treffen würde, ohne den Rat von Außenstehenden. Dabei ist es nicht wichtig, ob sie sich für das scheinbar Richtige entschieden haben, sondern sie können erkennen, dass alles auf ihrer Urteilsfähigkeit, ihrem Einschätzungsvermögen und ihrem Realitätsbezug beruht und notfalls korrigiert werden kann. Entscheidungen bedeuten oft Schmerz, Trennungen und Verletzungen. Aber an jedem Ende wartet das Neue. Verwicklungen entstehen im Leben von *Ignatia*-Menschen oft durch nicht genaues Zuhören, weil sie die Aussagen des anderen in ihrer Art interpretieren, ohne nachzufragen. Dadurch entstehen Knoten, die *ent-wickelt* werden müssen. Sie sollten die Dinge mit mehr Ruhe angehen und öfter über sich selbst und das Durcheinander, welches sie angerichtet haben, lachen.

Wenn sie ins Arzneimittelbild rutschen, sind es sehr traurige, melancholische Temperamente, die wortlos tief seufzen. Sie können sehr launisch oder unberechenbar sein und ins Hysterische oder Dramatische verfallen. Sie fragen immer nach Rat und machen dann doch wieder die gleichen Fehler. „Verkehrte Wünsche, emotionale Knoten", eine Diskrepanz zwischen Gefühl und Verstand mit tiefer Sehnsucht nach dem Ideal. Sie idealisieren den Liebespartner, auch wenn der/die sich alles andere als „ideal" verhält.

Körperlich reagieren die *Ignatia*-Menschen bei oder *nach emotionaler Erregung* mit *Koliken und Krämpfen im Kopf- und*

Magenbereich. Viele Symptome zeigen sich im Verdauungsbereich, bis hin zur Magersucht. Extreme *Überempfindlichkeit der Sinne* tritt zusammen auf mit widerspruchsvollen Zuständen (zum Beispiel drückender Kopfschmerz, der sich durch Bücken bessert), Kopfschmerzen wie von einem eingetriebenen Nagel, dazu eine heftige, krampfhafte Migräne. Kloß im Hals. Kann am ganzen Körper zittern, bis der Ausbruch (Wutausbruch, hysterischer Lachkrampf) abklingt.

Bei Kindern findet man *Ignatia* oft bei braven, behüteten Prinzessinnen, die *zornig bei Ablehnung von Wünschen* werden und Krämpfe nach Bestrafungen bekommen. Sie *lachen bei Kummer* und beißen sich beim Sprechen in die Wange.

Ursachen: Folge von seelischem Schock, Kummer oder Kränkungen. Folge von Verhungern (heute eher seelisch gemeint).

Verschlechterungen: Morgens, nach den Mahlzeiten, nach Kaffee- und Tabakgenuss, nach Enttäuschungen oder Mitleid. Leichte Berührung verschlimmert, wobei fester Druck bessert.

Besserungen: Beim Essen; auch Ofenwärme.

Ignatia hat den aktuellen Kummer, *Natrium muriaticum* eher den chronischen.

LAC HUMANUM – MUTTERMILCH

Lac humanum gehört zu den älteren der neuen Mittel, insofern könnte es auch in das Kapitel der Neuzeit-Mittel passen, also zu Zucker und Alkohol. Um die zugrundeliegende Idee von Muttermilch zu verstehen, sollte man etwas weiter ausholen und sich fragen, ob wir über das Wesen der Muttermilch in das Land *zurückfinden,* wo Milch und Honig fließen – wie es bei Moses heißt. Und wir kommen nicht umhin, uns mit der Entwicklungsgeschichte des individuellen (und kollektiven) Menschen zu befassen.

Unsere Säuglingsphase ist (hoffentlich) geprägt durch die Geborgenheit am wärmenden und schützenden mütterlichen Körper – und nicht zuletzt durch die fließende Quelle mütterlicher Milch. Warum hat Mutter Natur diesen genialen Kunstgriff getan und die Entwicklung eines Organs, nämlich der weiblichen Brüste, gefördert, so dass hier dem Neugeborenen eine wundervolle Nahrung zur Verfügung steht? Es ist einsichtig, dass ein Neugeborenes noch kein Wesen von dieser Welt ist, sondern hineingeboren wurde und erst langsam hineinwachsen muss. Es stehen noch nicht entsprechende Verdauungskräfte zur Verfügung, um gröbere Nahrung zu verwerten. Eiweiß, Fett und Kohlehydrate werden in den weiblichen Milchdrüsen so weit verfeinert und aufbereitet, dass es keiner allzu großen Verdauungsleistung mehr bedarf, um sie zu verarbeiten. Der Säugling entwickelt erst nach und nach die eigenen Kräfte, um die fremden Nahrungseinflüsse zu überwinden und sich das Nahrhafte anzueignen.

Interessant ist in diesem Zusammenhang auch, dass im Hebräischen das Wort für die weibliche Brust „schadaim" ähnlich klingt wie das Wort für Himmel „schamain". Die Milch also als himmlische Speise? Sie bereitet den Säugling vor, ein Mensch dieser Erde zu werden, ein Erdenbürger, ohne ihn gleichzeitig daran zu hindern, ein Bürger des gesamten Kosmos zu sein – so lehrte Rudolf Steiner. Bei den Germanen war es bei einigen Stämmen erlaubt, dass der Vater ein Neugeborenes aussetzen und töten durfte, so lange es noch keine Muttermilch getrunken hatte. Erst mit dem Trinken wurde es in den Stammesverband aufgenommen, dann wäre das Aussetzen Mord gewesen.

Die Muttermilch als Träger von Bildekräften (Aufbaukräfte, Ätherkräfte) ist in besonderer Weise geeignet, dem Neugeborenen beim Aufbau seiner Physis zu helfen. Als lebendiges Lebensmittel nimmt es auch feinstoffliche Qualitäten von den Seelen- und Geisteskräften der Mutter zu sich. Die Zusammensetzung und der Gehalt an stofflichen und feinstofflichen Nährstoffen passt sich dem entwickelnden Kind an. So ist der Eiweißgehalt des Kolostrums, der Vormilch, höher und enthält mehr mütterliche Bildekräfte als die spätere Milch. Dafür nimmt dann in der späteren Milch der Milchzuckergehalt zu. Er ist bedeutsam für die Anregung der Bewusstseinskräfte (Ich-Kräfte). Die Laktose, die nirgendwo anders als in der Milch vorkommt, hat die zentrale Aufgabe, als physisches

Instrument die feinsten Kräfte des Menschenwesens entfalten zu helfen.

Auch werden mit der Milch Antikörper der Mutter aufgenommen, und so genießt das Kind weitgehenden Immunschutz, zumindest für die ersten Monate, bis das eigene Immunsystem sich langsam im Training an der Umwelt ausbildet. Körpereigene, opiatähnliche Stoffe der Mutter sorgen für den starken Beruhigungseffekt und dafür, dass viele Säuglinge nach oder schon während des Trinkens einschlafen.

Das ganze Geschehen des Stillens kann von einer Innigkeit und Nähe zwischen Mutter und Kind geprägt sein, aber auch von den Problemen, die damit verbunden sein können. Sicherheit und Geborgenheit auf der einen und Verlassenheit und zu frühes Auf-sich-selbst-gestellt-sein auf der anderen Seite. Im Spannungsfeld von Abhängigkeit und Unabhängigkeit befinden sich *beide* – nämlich Mutter *und* Kind.

Aus der Forschung von Witold Ehrler, der bis zur C4 resonant verrieb, erhält man folgende Zusammenfassung:

„Die Milch ist euch Nahrung und Halt. Jede Milch tut dies auf ihre eigene Weise. Die Menschenmilch ist das oberste Orientierungsmahl, das euch zugänglich sein wird. Sie nährt euch auf jeder Stufe auf ihre Weise. Da gibt es einmal die Nahrung für euren Körper. In der C1-Verreibung gibt sie euch Nahrung für eure Triebbefriedigung, das Lusterlebnis beim Stillen steht hier im Vordergrund, es resultiert ein „satter und befriedigter" Säugling.

Auf der C2-Stufe gibt sie euch Nahrung für eure Liebesfähigkeit aufgrund der seelischen Mutter-Kind-Bindung, später der Mensch, der liebt und geliebt wird (Liebe annimmt).

Und auf der C3-Ebene gibt sie euch Nahrung für eure innere Orientierung, magische Fähigkeiten, was die Wahrnehmung über den sinnlichen Bereich hinaus angeht, was das impulsive richtige Handeln im rechten Augenblick angeht, was die Ahnungen, wohin Situationen führen werden, angeht. Das ist auch die Grundlage für die gedankliche Entwicklung.

In der C4-Ebene gibt sie euch Nahrung, eure eigene Bestimmung zu erahnen, zu spüren, wozu ihr berufen seid.

Verwendet wird Muttermilch, wobei es im Detail noch einmal ein energetischer Unterschied ist, ob die Mutter ein Mädchen oder einen Jungen stillte (*Lac humanum femininum* und *Lac humanum masculinum*)."

Der Homöopath Rajan Sankaran formulierte einmal: *„Die Angst, allein zu sein, ist der größte Schmerz des Menschen."* Hier setzt *Lac humanum* an. Wenn wir gestillt werden, sind wir nicht allein, dann sorgt sich jemand um uns und gibt uns, was wir benötigen. Muttermilch gibt uns die nährende Grundlage auf und für unseren Weg ins Leben. *Lac humanum* gibt uns die Kraft und Nahrung für die Orientierung zur seelischen Entwicklung. Insofern ist *Lac humanum* ein sehr vielschichtiges und tiefes Heilmittel für Menschen, die eine *Frühgeburt* waren oder in irgendeiner Form durch einen *Mangel in der frühen Mutter-Kind-Beziehung* geprägt worden sind (Adoption und Ähnliches). Es hilft Menschen, die nicht gestillt wurden – oder ohne Liebe gestillt wurden. Ihnen allen ist gemeinsam, dass sie eine *erhöhte Liebesbedürftigkeit haben,* einen frühen Mangel an Fürsorge erleben mussten.

Lac humanum sorgt für einen Ausgleich in der Verantwortung. Es ist ein Heilmittel für einerseits *überverantwortliche Menschen,* die sich in ihrem gesamten Handeln zu sehr um andere kümmern, und andererseits für solche, die sich überhaupt nicht verantwortlich fühlen und damit den Gegenpol leben. Es kann sich im Symptomenbild auch so zeigen, dass jemand nicht erwachsen werden will und durch sein *kindliches Verhalten* in diesem Zustand geblieben ist.

Der rote Faden dieses Arzneimittels ist: Die *Verantwortung für sich und sein Selbst* zu übernehmen. Es wird sich immer so zeigen, dass eine gesunde *Entwicklung gestört* ist. Als Erwachsene können wir unseren Verstand zu Hilfe nehmen, uns die Bedingungen unserer Vergangenheit anschauen und eventuell mit therapeutischer Hilfe „jetzt als Erwachsene die Wahl treffen, um neue Wege zu gehen". Bestimmte Entwicklungen lassen sich nachholen, andere Erfahrungen muss man so lassen. Wir können an der realen Vergangenheit nichts mehr ändern, wir können aber sehr wohl unsere emotionalen Prägungen erkennen, sie bejahen und ab jetzt neu entscheiden, ob wir diese beibehalten wollen oder nicht.

Aus den Texten von Witold Ehrler geht auch hervor, dass *Milch und Alkohol* zwei sich gegenüberstehende Kräfte auf der Suche nach dem Ziel sind. Das Ziel selbst ist Gott – und der Weg ist das Ziel. Wenn die Seele die Essenz von *Lac humanum* bekommt, braucht sie keinen Alkohol mehr. Alkohol (siehe die Beschreibung dort) beschreibt auch die Suche – die Sucht – die Sehnsucht nach Liebe. Der Mangel an damals nicht vorhandener oder lieblos gegebener Milch kann dazu führen, dass später als Jugendlicher oder Erwachsener die Suche und das Suchtverhalten auf einer anderen Ebene weitergeht.

Lac humanum klärt eine mögliche Verwirrung bezüglich männlicher und weiblicher Beziehungen, die sich in vielfältiger Art zwischen Kultur und Sexualität zeigen. Hier kann man ahnen und zum Teil erkennen, wie speziell die Energiefelder eines homöopathisch resonant aufbereiteten Mittels auf das wirken, was uns heilt und uns in unserer Sichtweise (dann auch im Umsetzen und Handeln) begleiten kann.

Durch diese Vielfältigkeit ist *Lac humanum* nicht immer leicht zu erkennen und ähnelt vielen anderen Mittelbildern. Ein Wesenszug kann sich immer auch in die Gegenseite kehren, so könnten es sture, eigensinnige Charaktere werden, die nach dem Motto leben: Was ich nicht kriegen kann, will ich überhaupt nicht haben. Einmal kann es sein, dass Kinder ihr orales Bedürfnis leben, in dem sie lange schnullern und alles in den Mund stecken, andere wiederum den Schnuller (oder den Daumen) strikt ablehnen, weil sie die Mutterbrust ja auch nicht bekommen haben. Immer dann, wenn eine extreme Wechselhaftigkeit auffällt, kann man das Gesamtbild von *Lac humanum* betrachten.

Ursache: Gestörte Mutter-Kind-Beziehung.

Verschlimmerung: Wechselnde Zeiten; an einem Tag ist es morgens schlimmer, an einem anderen abends. Berührung und Erschütterung verschlechtern. Probleme vor und während der Menstruation. Nach Schlaf, kalter Luft oder kaltem Wind tritt ebenfalls eine Verschlechterung ein.

LYCOPODIUM – BÄRLAPP

Verwendet werden die Sporen des Bärlappgewächses, ein uralter Farn, der schon immer so klein war wie heute.

Der gesunde *Lycopodium*-Typ kann beharrlich, unerschütterlich, unbestechlich, gerecht und loyal sein. Er ist äußerst vielseitig und erledigt die Aufgaben im Hintergrund (die alltäglichen Helden), kann aber auch ein gerechter, weitsichtiger Führer sein. Oft sind es „geborene Lehrer". Im Prinzip ist er der Archetyp für Mut. Er darf lernen, dass man Gefühle zeigen kann und nicht ausgelacht wird, wenn aber doch, dann braucht er Schutz und Bestätigung, dass ihn nichts zerstören kann; vor allem liebevolle Führung durch den Vater, der ihm Halt gibt, wenn er im Leben fällt. Grundsätzlich sind sie eher intelligente Menschen, aber mit schwachen Muskeln. „Stark ist alleine der, der schwach sich zeigen kann."

Eine Rangordnung, die soziale Stellung, ist dem *Lycopodium*-Menschen sehr wichtig. Je weiter oben man steht, desto unantastbarer scheint man zu sein. Sie haben Angst, Fehler zu machen, weil dann die anderen die Unzulänglichkeiten erkennen könnten. Ängste bestehen auch vor Bindungen. Dieser Typ neigt dazu, der Familie zu entfliehen und diese Verantwortung zu meiden. Er überspielt die Ängste durch Kritik an anderen und durch Rechthaberei. Er leidet heimlich an mangelndem Selbstwertgefühl und würde seine Feigheit (großes Thema für *Lycopodium*) nicht zugeben. Gefühle zu zeigen, wird mit Schwäche gleichgesetzt. In der Sexualität gibt es eine Menge Symptome, weil Echtheit hier eine Basis wäre und Mutlosigkeit Folgen hat. Im *Lycopodium*-Bereich sind viele Legastheniker. Kinder machen oft den Eindruck, älter zu sein, als sie sind. Sie möchten an die *unsichtbare* Hand genommen werden, doch es ist ihnen peinlich, wenn andere Kinder sehen, wie verschmust oder bedürftig sie sind. Ausgelacht zu werden, ist für sie eine Katastrophe.

Körperlich zeigen sich Symptome oft *von rechts nach links*, die rechte Seite kann aber auch einseitig Beschwerden zeigen. Beschwerden durch *Trockenheit (Haut, Schleimhaut, Gemüt)*. Hauptverschlimmerungszeit ist *nachmittags, nach vier Uhr und am frühen Abend*. Sie leiden unter großen *Verdauungsbeschwerden*, haben Heißhunger und sind nach wenigen Bissen satt. Viele Blähungen (auch Aufblähen des Egos) und schmerzhaft aufgetriebener Bauch; mögen nichts Enges am Bauch. Nieren- und Gallensteine gehören zu ihrem Repertoire, ebenso *Ablagerungen* wie Gicht und Rheuma. *Lycopodium* ist ein bewährtes Mittel bei Akne, Asthma und Neurodermitis, wenn der Grundtyp stimmt.

Ursachen: Folgen von strengen Eltern (Vater), Ohnmacht bei Autoritäten. Folgen von Ungerechtigkeiten und Demütigungen, Folgen von Ausgelachtwerden (Würdeverletzungen).

Verschlechterung: Nach vier Uhr nachmittags, nach dem Essen. Verträgt nichts Kaltes.

Besserung: Durch Bewegung; nach Mitternacht; durch warme Getränke.

NATRIUM MURIATICUM – KOCHSALZ

Kochsalz (NaCl) – pur oder verdünnt hat es keine heilenden Wirkungen, wohl aber potenziert.

Nat mur-Menschen sind sehr verantwortungsbewusst, mitfühlend und hilfsbereit. Sie wissen um die Schmerzen und das Leid der menschlichen Seele. Sie können vorwurfslos viel tragen und andere in eine leidlose Zukunft führen. Das ist ein Teil des gesunden Bildes. Dem „abgerutschten" *Nat mur*-Bild liegt *Introvertiertheit* zugrunde, die aus einer *großen Verletzlichkeit* auf der gefühlsmäßigen Ebene kommt. Sie sind sehr sensitiv und gehen von vornherein Zurückweisungen und Demütigungen aus dem Weg. Sie haben ein starkes Empfinden für Verantwortung und Pflichten. Oft wählen sie Helfer-Berufe, von der Krankenpflege bis in die Seelsorge. Die Stimmungen können schwanken zwischen unverständlicher Depression und nicht einsehbarer Heiterkeit. Auf der emotionalen Ebene gibt es Extreme von Hysterie bis zu stillem Zusammenbruch. NaCl ist ein Konservierungsmittel, es scheint, als habe dieser Menschentypus sein Leid konserviert. Er *verhärtet durch Zurückhaltung*. Trauerarbeit dauert lange, Trennungen fallen sehr schwer. Ein Lernprozess ist es, das „Sich-für-andere-aufopfern" durch das sinnvolle Dienen zu ersetzen und dafür nicht stillschweigend Dank zu erwarten. Sie verbreiten eine Stimmung des stillen Vorwurfs und kontrollieren gerne mit dem Vorwand der Sorge.

Nat mur-Menschen sollten früh lernen, über ihre Enttäuschungen zu sprechen und den Schmerz zu zeigen. Sie sollten ihre Wünsche formulieren, damit sie der andere nicht von den Augen ablesen muss, und sie sollten nur schenken und geben, ohne einen Gegenwert von dem anderen zu erwarten. Sie sind oft in ihrer Kindheit eine „heimliche Ehe" mit dem jeweiligen gegengeschlechtlichen Elternteil eingegangen. Bevor diese nicht symbolisch in Liebe geschieden wird, sind neue Beziehungen nicht möglich.

Auf der körperlichen Ebene kommt immer alles *periodisch* wieder, zum Beispiel die hämmernden linksseitigen *Kopfschmerzen* oder auch *Hautausschläge* (besonders am Haarrand des Kopfes), Milchschorf und viele *Herpes*-Ausschläge (provoziert von der Sonne). Typisches *Schilddrüsenthema* (Fürsorge und Helfer-Syndrom). *Nat mur* weist viele Herzsymptome (Gefühle) und Depressionen auf, die sich durch Furcht und Ärger erst recht verstärken.

Ursachen: Die Folge von stillem, tiefem Kummer nach enttäuschter Liebe. Folgen von Streit der Eltern.

Kinder lernen langsam laufen und sprechen, sind dann Stubenhocker und Leseratten. Gibt nichts preis von sich und ist leicht zu kränken. Eifersucht auf jüngere Geschwister, fühlt sich immer zu kurz gekommen. Oft langes Bettnässen und Nägelkauen. Mädchen nehmen schnell die Mutterrolle an und „kümmern" sich um anderes und andere.

Verschlechterungen: Verträgt keine Hitze und Sonne. Trost wirkt verschlimmernd; Menschenmengen und überfüllte Räume wirken erdrückend.

Besserungen: Am Meer; durch traurige Musik; durch starken Druck (liegt gerne hart); auch Alleinsein.

ERGÄNZUNG: NATRIUM MURIATICUM UND HALIT

NaCl, das Kochsalz, ist ein Abfallprodukt der chemischen Industrie und wird zur Trennung von Stoffen eingesetzt. Nur zwei Prozent der gesamten weltweiten Salzgewinnung gelangt in die Haushalte. Nach neuen Forschungen könnte NaCl reines Gift für den Organismus sein. Viel Verwirrung und gegensätzliche Standpunkte kursieren hier. Das natürliche Salz, der *Halit*, der Salzkristall, besteht aus vierundachtzig Elementen. Ihm werden zweiundachtzig Elemente entzogen, damit NaCl übrig bleibt. Wen wundert es noch, dass *Natrium*-Menschen unter Verlustängsten leiden und sich wie abgetrennt fühlen? Während *Nat mur* die Analyse ist, wäre *Halit* die Synthese. Die Essenz des im Arzneimittelbild geprüften *Halit* ist: Getrenntes fließt zur Einheit zusammen, so wie das Gefühl, ganz und reich zu sein und alles zur Verfügung zu haben. *Halit* steht für üppigen Reichtum, Fülle, das Ganze. *Natrium* steht für Armut, Leere, Defizit und Detail.

NUX VOMICA – BRECHNUSS

Verwendet wird der Samen des immergrünen Brechnussbaumes. *Nux vomica* enthält, wie die Igantiusbohne (bei *Ignatia*), das giftige Alkaloid Strychnin, das für seine Wirkung auf das Nervensystem bekannt ist und bei praktisch allen Tieren und Vögeln, außer bei Katzen und Schnecken, giftig wirkt. In der Arzneimittelprüfung ruft es zunächst Muskelkrämpfe und eine Übererregung des Nervensystems und aller Sinne hervor, später folgen Erschöpfung und Lähmung.

Der gesunde *Nux vom*-Mensch ist meist robust und stämmig gebaut, seine Konstitution ist kräftig. Er ist ehrgeizig, intelligent, von rascher Auffassungsgabe, fähig und kompetent. Oft zeichnet er sich durch ein ausgeprägtes Pflichtgefühl und hohe Arbeitsmoral aus. Überwiegend ist er selbstständig und unabhängig. Er arbeitet gerne hart, fleißig und effektiv. Sein Denken ist mehr pragmatisch als philosophisch und intellektuell.

Aber es wäre absurd, wollte man einen gesunden Menschen, der in leitender Position erfolgreich das Sagen hat, behandeln. Die gesunde Persönlichkeit muss gewahrt bleiben, das homöopathische Mittel wird erst eingesetzt – wenn es krankhafte Züge annimmt.

Nux passt genau zum Geist der heutigen Zeit. Es ist das gängigste Mittel für alle Beschwerden, die durch Maßlosigkeit im Umgang mit Essen, Alkohol, Arbeiten (Workaholic), Drogen und so weiter entstehen. Im Vordergrund stehen Leistung und Machen, Konkurrenz und Ehrgeiz sich selbst gegenüber. Bei Kindern ist es angesagt nach heftigen Wutanfällen, nach Enttäuschungen, nach längerer geistiger Überlastung oder nachdem sie ein ihnen wichtiges Ziel nicht erreichen konnten. Die Menschen sind dann übererregbar, sogar hyperaktiv, sie finden nicht mehr selbst zur Ruhe. Sie blühen durch Rebellion richtig auf, denn Widerspruch ist Widerstand! Ihr rebellischer Geist ist auch der Spiegel ihres Selbstvertrauens, sie stehen unter Strom und erwarten von anderen denselben Einsatz.

Wenn so viel Energie für die Außenwelt verbrannt wird, kann man sich vorstellen, dass der Körper oft zu kurz kommt. Neben *Schlafstörungen, Kopfschmerzen, Magenschmerzen und emotionaler Erregung* können tagsüber dünnflüssige Nasenausscheidungen auftreten, wohingegen die Nase nachts verstopft ist. *Verstopfung* ist überhaupt ein Thema, man hält zu lange fest, hat zum Loslassen keine kostbare Zeit mehr. Sie neigen zu *Krämpfen* an Armen und Beinen, aber auch im Verdauungsbereich, außerdem zu Zuckungen der Muskulatur. *Nux* kann sich nur ganz schwer übergeben, sie würgen und würgen, bringen aber nichts wirklich heraus.

Ursachen: Durch übermäßiges Essen (Völlerei, Kater), nach Drogen, nach Narkosen und Medikamenten! Nach zu langer geistiger oder emotionaler Belastung, durch Nachtarbeit oder durch Zeitverschiebungen bei Reisen, durch Zorn.

Verschlechterungen: Bei Schlafmangel, durch Licht, Lärm und Berührung.

Besser: Durch Ruhe, festen Druck oder feuchtes Wetter.

PHOSPHOR – MINERALISCHER PHOSPHOR

Verwendet wird der mineralische gelbe oder rote Phosphor (mit rotem werden Streichhölzer hergestellt) – *Phosphorus* ist der Lichtträger. Es ist ein großes Reiz- und Entzündungsmittel der Nerven und Schleimhäute. Es zeigt das Bild des zerstörenden Stoffwechsels. Plötzlichkeit und auch Periodizität sind wichtige Merkmale.

Es sind meist große, schlanke, oft etwas vornüber gebeugte Menschen mit schönem Haar und langen Wimpern. Sie sind sehr sensibel, rasch begeistert, aber auch ebenso schnell enttäuscht (Strohfeuer). Sie sind hochintelligent (aber ermüden sehr rasch beim Lernen); sind geistig und körperlich hypersensibel, sehr beeindruckbar durch alle Arten von Eindrücken, aber leicht beleidigt, unruhig und zappelig. Es sind von Grund auf warmherzige, extrovertierte und künstlerisch aktive Menschen.

Echte *Phosphor*-Kinder sind solche, die ohne viel Aufhebens als phosphoreszierendes Licht direkt ins Herz des Therapeuten laufen, man muss sie einfach lieben (es gibt natürlich auch die Variante, die in zehn Minuten die Praxis „liebenswürdigerweise" auf den Kopf stellen, es sind kleine Feuerteufelchen).

Die Leitmotive von *Phosphor* sind Ausbreitung und Durchdringung. Wie sich Rauch in der Luft oder die Färbung eines Teebeutels im heißen Wasser ausbreitet, verteilt und Luft oder Wasser durchdringt, so verteilen sich die Energien, die Aufmerksamkeit und das Gefühlsleben, ja das Blut des *Phos*-Typus, in seiner Umgebung. Die Folge ist, dass *Phos*-Menschen allseits beeinflussbar und verwundbar sind. Auf körperlicher Ebene führen schon kleine Verletzungen zu Schwierigkeiten (starke Blutungen, bekommen leicht blaue Flecken). In seelischer Hinsicht öffnet sich *Phosphor* ebenso, geht sehr mitfühlend auf seine Umwelt ein, hält seine Gefühle nicht zurück und setzt sich leicht schmerzhaften Erfahrungen aus. Geistig ist er so aufgeschlossen, dass er in Gefahr gerät, diffus und unkonzentriert zu werden. Er neigt dazu, den Boden unter den Füßen zu verlieren.

Phos ist das Mittel der Hellseher (viele Augensymptome bis Farbsehen). Sie weisen häufig mediale Fähigkeiten auf, eine scharfe Sinneswahrnehmungen und sehen, fühlen und hören mehr als andere (feine Antennen sind ständig in Aktion). Große *Angst vor Gewitter* (diese verschlechtern besonders bei Kindern, es sind heftige atmosphärische Entladungen, der Phosphor-Blitz). *Angst vor Alleinsein. Phos* braucht immer Menschen – außer wenn er in seiner Muße allein sein will. Schlafstörungen, weil er vor lauter Ideen nicht einschlafen kann, oder er fungiert als Schlafwandler.

Körperlich gibt es viele *Knochenthemen* (*Phos* bildet zusammen mit *Calcium* die Knochen – den Halt). *Blutungsneigungen* zeigen seine überschäumende Wärme und Ausstrahlung ohne Sinn für Grenzen des Zumutbaren an. Sie haben nach dem Essen schnell wieder Hunger und haben Magenschmerzen nach Eis; kommen aber an keinem Eisladen vorbei. Sie haben brennenden Durst – der Charakter der *Phos*-Schmerzen ist auch *brennend* (zum Beispiel beim Husten in den Bronchien, oder im Magen). Viele *Herzprobleme und Schmerzen im Brustbereich* (vom *Morbus Scheuermann* bis zu chronischen Bronchitiden). Ein großes Feld der Ängste und sich wiederholender Infekte (keine so robuste Konstitution). Von Blutungen bis zum Krupp-Husten kann alles auftreten.

Ursachen: Folgen von Zorn, Furcht oder Kummer, ganz allgemein nach starken Gemütsbewegungen und durch geistige Anstrengungen. Musik. Gas (starke Gerüche). Durch Säfteverlust oder durchnässenden Regen.

Verschlechterung: Körperliche und geistige Anstrengungen. Dämmerung (Zwielicht). Warme Speisen und Getränke. Wetterwechsel und Gewitter. Das Liegen auf der linken Seite.

Besserung: In der Nacht; durch Rechtsseitenlage, kalte Speisen und Getränke. Schlaf (auch nach kurzem Katzenschlaf).

PULSATILLA – KÜCHENSCHELLE

Verwendet wird die ganze frische Pflanze der Küchenschelle, die in Gruppen wächst und niemals allein. Ihren englischen Namen *Windflower* trägt sie, weil erst ihre Blütenköpfe und dann ihre Pollen leicht vom Wind verweht werden. Ähnlich launisch und wechselhaft zeigt sich das Arzneimittelbild. *Pulsatilla* ist der Wetterhahn unter den Mitteln. Auf jeden Fall ist es eines der meist angewandten Mittel in unseren Breitengraden, vorwiegend bei Kindern, aber auch bei hormoneller Dysbalance bei Frauen (Pubertät, Klimax). Wechselhaftigkeit in Verbindung mit Weichheit und Nachgiebigkeit – ohne konkreten Standpunkt.

Der Menschen-Typus ist eher blond, blauäugig, mollig und sinnlich (das Barockideal von Rubens). Im Vordergrund stehen Bedürftigkeit und Hingabe. Pulsatilla-Menschen haben ein sehr großes Liebes- und Zärtlichkeitsbedürfnis, ja sie werden leicht abhängig von der Zuwendung anderer – sie können zu lebendigen Kletten werden, die sich ungern abschütteln lassen. In ihrer Harmonieabhängigkeit und Sinnlichkeit sind die Kinder geborene Puppenmütter (oder auch von Teddys und anderen Kuscheltieren). Eher ein Mittel für milde, sanfte und nachgiebige Charaktere. Sie haben ein starkes Verlangen nach Anerkennung und lassen sich voll und ganz auf eine Bindung ein, an der sie sich festhalten können. Sie schaffen ein gemütliches Heim, und dass in der Ehe viele Kinder erwünscht sind, scheint als das Natürlichste von der Welt.

Wegen ihrer Entscheidungsunfähigkeit kann es sein, dass sie ihre Glaubensrichtung öfter ändern, sie brauchen Halt von außen. So fühlen sie sich zu dogmatischen spirituellen Gruppen hingezogen und können darin fast fanatisch aufgehen. Aber es kann auch passieren, dass nach einem Jahr eine andere Gruppe das Ein und Alles ist. Deshalb sind Ängste vor dem Alleinsein sehr häufig. Angst, im Stich gelassen zu werden. Weint sehr schnell, doch Trost und Zuwendung helfen schnell, und dann ist das Lachen bald wieder auf den vollen, sinnlichen Lippen.

Pulsatilla-Frauen sind die geborenen Mütter und können sich ganz mit der Rolle der fürsorglichen, mitfühlenden Mutter identifizieren. Schwierig wird es dann, wenn die Kinder ihren eigenen Willen gegen sie durchsetzen wollen und irgendwann einmal ausziehen.

Es ist ein wichtiges Schwangerschaftsmittel für Frauen – und auch für Männer –, die sich mit der neuen Rolle als Vater auch schwer tun können. Es kann auch bei Stillneid von Männern eingesetzt werden, wenn es sonst zu dem Männer-Temperament passt.

Sie haben ein großes Bedürfnis zu massieren und massiert zu werden, zu streicheln, zu knuddeln und zu liebkosen in allen Variationen. Technischen Dingen stehen sie eher skeptisch und unbeholfen gegenüber. Sie brauchen Berufe, wo sie „gebraucht" werden und ihre Herzlichkeit leben können.

Körperlich gibt es sehr *variable, wandernde Symptome*. Es besteht die Neigung zu *milden Absonderungen* (Schnupfen, Augenentzündungen) und zu Heuschnupfen. *Verdauungsprobleme* nach übermäßigem Verzehr von schweren und fetten Speisen. Es sind *durstlose* Menschen, man muss sie ans Trinken erinnern. Kinder haben fast immer wieder *Erkältungen,* die ganz nebenbei einmal mit Ohrenweh, mit mildem Schnupfen oder morgens mit etwas mehr Husten mitlaufen. Nie etwas Tragisches und Heftiges. Erwachsene haben oft mit *Krampfadern* Beschwerden.

Ursachen: Ablehnung während der Schwangerschaft durch den Partner. Folgen von Eifersucht und Enttäuschungen. Bei Müttern, wenn die Kinder das Haus verlassen. Nach hormoneller Fremdbestimmung (Pille oder ähnliche Mittel). Beschwerden durch stillen Kummer.

Verschlechterung: Abends, nach Anstrengungen. Auf Reisen (reist nicht gern, bleibt lieber im trauten Heim). Warme Luft im Zimmer ist unerträglich, obwohl die Menschen eher frostig sind.

Besserung: Aufmerksamkeit und Zuwendung hilft immer, auch frische Luft, kaltes Wasser (gerne Kneipp-Güsse) und Massagen.

Pulsatilla wird eher nach der allgemeinen Charakteristik verordnet, weniger nach den speziellen Krankheitssymptomen.

SEPIA OFFICINALIS – TINTENFISCHSEKRET

Verwendet wird das schwarze Sekret des Tintenfisches. Das Erscheinungsbild wird eher für Frauen beschrieben (aber es gibt auch *Sepia*-Männer), als eine schlanke, drahtige, unnahbare Schönheit (Mannequins), brünett mit diskretem Benehmen, die gerne umworben werden will, sich dann aber zurückzieht. Wunsch nach Nähe und Angst davor. Oft sind es Frauen, die ihren „Mann stehen", ihre Stärken im Kopf haben oder sich die Hacken für andere ablaufen (auch trainierte Sportlerinnen). Der Bauch (mit all seinen Wunden) ist tabu. Lässt niemanden „hinter ihre Tinte schauen", zeigt sich nicht wirklich.

Diese Menschen haben eine starke Sehnsucht nach einem gleichwertigen Partner; da sie aber schon oft und heftig enttäuscht wurden, sind sie mehr als vorsichtig. Die Grundidee von *Sepia* heißt Starre – eine Statik, die durch Veränderung auf der dynamischen Ebene entsteht. Deswegen treten Besserungen auch dann ein, wenn heftige Bewegungen im Tanzen oder extreme Sportarten umgesetzt werden. Auch Beschäftigung – Ablenkung vom Thema – bessert den Zustand.

Die Ängste von *Sepia* gehören zu den schlimmsten, denn es schwingt immer eine Furcht vor dem Unbekannten mit, die Furcht, dass irgendetwas Schlimmes passieren könnte. Um zu überleben, kennt *Sepia* die Schwächen ihrer Umgebung und Mitmenschen sehr genau und weiß jeden zu verletzen. *Sepia*-Typen können hart, bissig, schroff, sarkastisch und ehrgeizig sein, manchmal das „weibliche *Nux vomica*". Das genaue Gegenteil der oben genannten *Sepia* – schlaff, dickleibiger Waschfrauentyp, völlig fertig. Männer erscheinen feminin, Frauen maskulin. *Sepia*, das Einfluss auf das Hormonsystem hat, bewegt sich zwischen diesen beiden Polen, und daraus resultieren auch große Schwierigkeiten in der gelebten Sexualität (Abneigung davor, denn das wäre ja das Aufgeben der Kontrolle – und auch noch Nähe).

Um aus dieser Starre herauszukommen, verlangen *Sepia*-Menschen nach starken, heftigen Reizen, die sie in Bewegung bringen – auch schon bei Kindern. Das „Normale" genügt nicht. Kids sind sehr nervös und leicht erregbar. Sie mögen gerne Menschen um sich, so lange kein persönlicher Kontakt gefordert ist.

Auf der Körperebene neigt *Sepia* zu *Senkungen der Eingeweide* (Magen, Blase und vor allem die Gebärmutter). Bindegewebsschwäche, Bandscheibenthemen, heftige *Migräne-Attacken* während der Menstruation, Leberprobleme (weil Stau im Pfortadersystem), deshalb auch Verstopfung (auch Stau). Sie sind sehr fröstelig und lieben heiße Bäder. Bei *hormonellen Umstellungen* (Pubertät, Klimakterium). Viele *Hautprobleme* (*Sepia* ist ein Abgrenzungsthema; und Berührung/Nähe), in Ekzemformen bis zur Neurodermitis.

Ursachen: Entwürdigungen (Missbrauch, Vergewaltigung). Folgen von heftigen Enttäuschungen und Missachtungen. Vertrauensbrüche in der Kindheit (unerwünschtes Geschlecht, schwache oder nicht vorhandene Väter als erster Mann im Leben). Folge von Unterdrückungen (physisch wie psychisch). Überlastung durch zu viel von etwas, das man gar nicht geben will.

Verschlechterung: Morgens und nachts. Arbeit mit Wäsche (Feuchtigkeit). Die linke Seite. Vor und während der Menstruation.

Besserung: Durch Tanzen! Durch Bewegung und Ablenkung allgemein. Heiße Anwendungen; in frischer Luft.

SILICEA – SILIZIUMOXID

Kieselerde – Siliziumdioxid. Der Ausgangsstoff für die Potenzierungen ist feingepulverter Bergkristall. Silizium ist auf unserem Planeten das zweithäufigste Element nach Sauerstoff. Es kommt als Quarz nicht nur im Sand und in vielen Mineralien vor. Ohne diese Substanz hätten Gräser und Getreidehalme – auch unser Kollagen im Bindegewebe und die Gefäße – keine Standfestigkeit. Die moderne Technologie benötigt es in der Herstellung von Computerchips. Es ist ein „träges" Metall, das nur schwer mit anderen chemischen Elementen eine Verbindung eingeht. Von *Silicea* profitieren zum Beispiel Kinder (ebenso wie Erwachsene), die wie ein Computerchip Informationen speichern, aber nicht das Selbstvertrauen (das seelische Kollagen) haben, sich hinzustellen und dieses Wissen weiterzugeben.

Silicea ist paradoxerweise zugleich eines der nachgiebigsten, wie auch eines der eigensinnigsten Mittel. Diese Nachgiebigkeit ist eine Art Schüchternheit oder Zaghaftigkeit, keine rechte Feigheit, die einem Mangel an Energie entspringt, auf dem eigenen Standpunkt zu beharren, selbst wenn er gut vertreten werden könnte. *Silicea*-Menschen sind ziemlich verständig, sanft und man kann gut mit ihnen auskommen. Die andere Seite der inneren Schwäche ist Sturheit, Trotz und Eigensinn. Sie vertragen keinen Widerspruch. Es fehlt an Durchsetzungskraft, sei es gegenüber Mitmenschen, Autoritäten oder gegen Krankheitserregern, gegen Kälte oder andere Witterungseinflüsse. Die ängstliche Schüchternheit ist mit Reizbarkeit verbunden, aber nach außen wird Aggression selten geäußert.

Sie haben hohe Ansprüche und bemühen sich um Klarheit. Sie wollen alles richtig machen, bis hin zum Perfektionismus, und geben sich größte Mühe – aber die Kraft fehlt. Mit dem zarten Nervenkostüm und den sehr verfeinerten Sinnen sind sie (ähnlich *Phosphor*) offen für Hellsichtigkeit. Sie sind intellektuell, sehr empfindsam und intelligent. Eher mild und reserviert, haben sie oft das Gefühl, isoliert von der Welt zu sein. Wegen ihres Energiemangels leisten sie bei geistiger Arbeit nicht sehr viel, lernen aber früh mit ihrer Energie hauszuhalten. Sie sind „feine" Menschen und zartfühlend.

In dieser für *Silicea* herausfordernden und feindlichen Umwelt existieren allerlei *Ängste,* die manchmal recht diffus sind. Es gibt auch fixe Ideen, die bis zu Phobien reichen können. Auch soziale Ängste, Erwartungs- und Versagensangst sowie Gewissensängste wegen aller möglicher Dinge treten auf.

Körperlich häufen sich *Erkältungen* wie Schnupfen, der sich oft in *Nebenhöhlenvereiterungen* verkompliziert. Der *Silicea*-Typus empfindet größte *Frostigkeit,* hüllt sich gerne warm ein, mag Bettflaschen und dicke Socken. Er weist ein rachitisches oder verkrümmtes Rückgrat, schlechte Zähne und schwaches Bindegewebe auf. Er neigt zu *Verhärtungen,* zum Beispiel bei

Vernarbungen und nach Lymphknotenschwellungen. Er neigt auch zu *Anginen*. Die Verdauung ist empfindlich, ein *Durchfall erfolgt häufig* nach Milchgenuss, und er verträgt nicht einmal Muttermilch. Die Kinder entwickeln sich schlecht, haben keinen Appetit und bleiben mager (manchmal mit einem großen Kopf und einem Froschbäuchlein). Übelriechende und reichlich *Schweiße*. Schlafen schlecht; wenn sie nachts aufwachen, ist die Nacht vorbei.

Der Charakter des Schmerzes ist ein *Splittergefühl*, fein oder auch heftig stechend. *Silicea* lässt auch keine Splitter oder Fremdkörper im Organismus, sie eitern langsam nach außen. Es ist ein wichtiges Mittel bei chronischen *Eiterungen, Abszessen und Furunkeln*.

Ursache: Erkältungen (im wahrsten Sinne des Wortes). Nach Computerarbeit. Nach geringstem Luftzug und durch Unterdrückungen.

Verschlechterung: Bei Neumond. Nach Impfungen und nach kaltem Waschen. Bei Kälte in jeder Form.

Besserung: Wärme in jeder Form, vor allem im Sommer. Bei mäßig feuchtem, warmem Wetter.

SULFUR – SCHWEFEL

Sulfur ist eins der bestgeprüften Mittel, ein Laie verstrickt sich daher leicht in dieser Vielfältigkeit und den gegensätzlichen Erscheinungen. Verwendet wird sublimierter Schwefel – es ist ein sehr kontaktfreudiges Element. In der Natur finden wir es bei „Vulkanausbrüchen".

Sulfur-Menschen beschäftigen sich mit großen Lebensfragen und „wesentlichen Dingen" und übersehen, vernachlässigen und unterdrücken die eigenen „Kleinigkeiten". Sie kehren gerne den Dreck unter den Teppich, spielen Dinge herunter, verdecken – dennoch bringt es *Sulfur* immer wieder an die Oberfläche. Es hilft zur Bereinigung und Re-Vitalisierung (es ist ein großes Resorptionsmittel; zum Beispiel zum Ausheilen nach akuten Erkrankungen).

Der Menschen-Typus ist kontaktfreudig, vital, egoistisch und mit Neigung zu hochtrabenden Hirngespinsten und vielen Makeln im Kleinen (extrem: der Philosoph in Lumpen; die moderne Version: Patient hält sein Anliegen für sehr wichtig, vergisst aber den Krankenschein oder Chip mitzubringen). Er hat immer Extrawünsche, hat tausend Ideen, aber es hapert immer im Detail. Einmal reitet er auf der Biowelle, dann verstrickt er sich in Widersprüche – belehrt gerne andere und klammert sich selbst aus. Er gilt als extrovertiert, anpassungsfähig, interessiert und abwechslungsreich.

Es ist das Mittel mit den meisten Polaritäten – materialistisch, hitzig, ungeduldig und explosiv (eben ein Vulkan: cholerischer Typ und schnell verraucht). Mit ihnen kann man ewig diskutieren. Sie lieben ihr eigenes Chaos. Sie sind morgendliche Langschläfer, doch dann können sie für ihre Anerkennung arbeiten bis zum Zusammenbruch. Trotz ihrer Hyperaktivität können sie auch faul sein.

Sulfur hat Ekel vor Dreck, speziell gegen Dreck in seiner Umgebung, während er sich in seinem eigenen Dreck wohlfühlen kann. *Ängste* bestehen konkret vor Ansteckung (mag nicht auf fremde Toiletten gehen, trinkt aus keiner Flasche, aus der vielleicht andere getrunken haben könnten). Nachts gibt es Ängste durch Beklemmung in der Brust.

Körperlich gibt es viele *juckende Hautprobleme,* bis hin zu Parasiten-Ekzemen. Akne, viele Allergien, häufige *Schleimhautinfektionen,* für die bereitwillig Chemie (Antibiotika, Sulfonamide) geschluckt werden. Neigung zu Furunkeln und Eiterungen. Hat einen heißen Scheitel (Hitze am Kopf), wobei das Haar eher glanzlos und struppig ist und sich nicht legen lässt. *Kopfschmerzen* kommen besonders dann, wenn Entspannung möglich wäre, so zum Beispiel an den Wochenenden.

Es sind hitzige Menschen. Sie spüren *überall Wärme,* müssen sogar nachts oft die Füße aus dem Bett strecken. Sie neigen zu wundmachenden, stinkenden Ausscheidungen mit *Röte an den Körperöffnungen*. Sie haben Durchfälle, die sie morgens aus dem Bett treiben.

Ursachen: Durch Unterdrückungen, Alkohol, Sonne oder Überanstrengung.

Verschlechterung: Vormittags um elf Uhr. Sie verspüren Hunger und ein energetisches Loch. Schlechter bei Bettwärme, bei Wärme allgemein. Auch nach einem Bad, im Stehen und nach Unterdrückungen von Hautausschlägen.

Besserung: Durch Kälte. Morgens nach dem Schlaf.

NEUE, DURCH ARZNEIMITTEL-PRÜFUNGEN ERFORSCHTE MITTEL

COLA NITIDA – COLANUSS

Ich erwähnte bei den „Kindern der Neuen Zeit", dass es mehr und mehr Kinder und Jugendliche gibt, die auffallend schlecht mit dem Schulsystem und mit dem Leben allgemein zurechtkommen. Begriffe wie Hyperaktivität und Aufmerksamkeitsdefizit-Syndrom werden immer häufiger. Typische Merkmale dieser ADS-Personen sind: Unaufmerksamkeit, abschweifende Gedanken, Wegdriften der Aufmerksamkeit, sehr große Ablenkbarkeit, Unruhe und Hast, das Überhören und Vergessen von Dingen, ein geringes Durchhaltevermögen (bringen kein Spiel zu Ende) sowie ein Mangel an Integration und Anpassung.

Der Homöopath Bernd Schuster prüft seit 1995 das Arzneimittel *Cola* und kann in der Behandlung bei oben genannten Erscheinungsbildern auffallende Erfolge verzeichnen.

Der wichtigste Wirkstoff des Cola-Samens ist Koffein, das uns durch Kaffee bekannt ist und weltweit wohl das beliebteste Anregungsmittel überhaupt ist. Koffein ist, wie auch die stärker wirkenden Substanzen Heroin, Kokain, Haschisch, Nikotin und Alkohol, eine psychoaktive Droge, sie ist also in der Lage, Verhaltens- und Stimmungsänderungen hervorzurufen. Sie ist eine psychogene Droge. Während Koffein eine ausgesprochene Wachdroge ist, zählen Alkohol und Opium zu den Schlaf- oder Betäubungsdrogen.

Was viele Menschen nicht wissen, ist, dass Koffein nicht nur ein Bestandteil des Kaffees ist, sondern auch in zahlreichen anderen Produkten, wie zum Beispiel Tee (auch Teein, der anregende Stoff im Tee, hat die gleiche Strukturformel wie

Koffein), Schokolade, Kakao, Guarana und Mate enthalten ist. Die Kinder sind also bereits relativ früh den Wirkungen von Koffein ausgesetzt, sei es wenn die Mutter in der Schwangerschaft Kaffee trinkt (auch im leckeren Latte macchiato und Capucchino ist Koffein) oder dann später durch den Konsum von Kakao und Schokolade. Ob durch Unwissenheit oder Verdrängung geleugnet, der Zusammenhang zwischen der Unruhe der Kinder und dem Genuss von Schokolade ist Realität.

Die Unruhe fördernde Wirkung des Koffeins wird zudem durch Zucker verstärkt (siehe bei der Beschreibung von Saccharose), der bei der Koffeinverarbeitung vor allem bei der Herstellung von Schokolade und Cola-Getränken zugesetzt wird. Auch der Zucker hat eine unmittelbare Wirkung auf das Nervensystem – leider auch keine beruhigende. Das moderne Getränk „Red Bull", das laut Werbung immerhin „Flügel verleihen soll", enthält die Koffeinmenge von etwa drei Espresso.

Da Koffein wasserlöslich ist, kann es im Körper überall vorkommen. Es wird leicht vom Magen aufgenommen, fließt mit dem Blut in alle Organe, natürlich auch in das Gehirn, und durchdringt sehr schnell die Zellmembran. Koffein ist pharmakologisch unter die Stimulanzien des zentralnervösen Systems einzuordnen. Wissenschaftliche Untersuchungen zeigten, dass Koffein auf das Gehirn einen erregenden Effekt hat, den Schlaf deutlich negativ beeinflusst und die Frequenz der Körperbewegungen, also die Bewegungsunruhe, steigert. Bei impulsiven Personen wirkt es insofern deutlich auf die Persönlichkeit, als sie bei der Durchführung von Aufgaben die Genauigkeit zugunsten des Tempos vernachlässigen – sie werden fahrig oder „huddelig".

Die Ergebnisse der Cola-Arzneiprüfungen lassen sich folgendermaßen zusammenfassen:

- Durch die Erregung aller Sinne resultiert Impulsivität, Übersensibilität und übertriebene Fröhlichkeit (Kinder stehen gerne als Clown im Mittelpunkt).
- Durch Steigerung der Aktivität kommt es zu Hyperaktivität, zur schnelleren Ermüdung und zur Ausreizung der Gehirnstoffwechselreserven. Sie haben einen enormen Bewegungs-

drang, wollen immer unterwegs sein, leben aber auch Gedankenträume und Phantasien. Sie können „Träumer" oder auch „zerstreute Professoren" sein.

- Die Konzentration wird mangelhaft, immer häufigeres gedankliches Abdriften, Gedankenunruhe bis hin zu Fehlwahrnehmungen.
- Durch den überhöhten Verbrauch im Gehirnstoffwechsel kommt es zu Gelüsten, das Essverhalten wird gestört, Appetit und Durst können unmäßig werden.
- Es entwickelt sich aus einem Wiederholungsdrang ein Wiederholungszwang und damit der Suchtcharakter. Man will immer noch „einen draufsetzen", sucht noch „einen Kick mehr". Emotional wird daraus ein Fass ohne Boden.
- Es kommt zu Fehleinschätzungen, zur Selbstüberschätzung und die gestörte Persönlichkeitsentwicklung beginnt. „Ich bin der Schlaueste, der Stärkste, der Beste, der ....." – diese falsche Selbsteinschätzung ist psychologisch gesehen eine Kompensation der von ihnen erlebten Schmach und Demütigung. Das häufige Scheitern an den ihnen gestellten Aufgaben kompensieren sie mit dem Gefühl der Unbesiegbarkeit. Bis zu einem gewissen Maß ist das ein ganz gewöhnlicher Prozess, hier geht er aber über ein gesundes, tolerierbares Maß hinaus.
- Es kann von immer wieder aufkommenden Kopfschmerzen begleitet sein, bis hin zu regelrechten Migräneattacken.
- Das gestörte Schlafverhalten macht vor dem Traumerleben keinen Halt, Alpträume stärken die Ängste vor dem Einschlafen.

Die Behandlung mit *Cola* kommt auch in Frage, wenn Drogenkonsum in der Vorgeschichte des Menschen auftauchte. Die von *Cola* beeinflussten Menschen weisen eine sehr große Verletzlichkeit und eine tiefe Unsicherheit auf, sie bekommen nie genügend Liebe und Anerkennung. Das „nie genug" ist ein typisches Merkmal bei Suchtneigung, mit der sie die innere Leere zu kompensieren versuchen. Euphorie wechselt mit Enttäuschung über andere und über sich selbst. Sie entwickeln einen enormen Drang, andere zu verteidigen, denen Unrecht geschieht.

Als Erwachsene zeigen sich Symptome wie *Ausgelaugtsein,*

Verzweifelung, Weinen mit Schlaflosigkeit, Beklemmungen am Herzen, Schwäche und Zittern bei Hunger. Die *Schwermut durch innere Leere* prägt das ganze Sein.

SACCHAROSE RAFFINATUM – RAFFINIERTER ZUCKER

Anhand des „Arzneimittels" Zucker lässt sich das Wesen und Wirken der Homöopathie und besonders der resonanten Potenzierung bilderbuchhaft beschreiben. Mit einem uns allen so bekannten Stoff des Alltags zeigt sich, mit welchen morphischen Energiewelten wir größtenteils unbewusst verbunden sind. Es zeigt sich das allgegenwärtige Krankheitsbild von *Sacc-raff.* Ähnlich wie *Cola,* scheint *Saccharum* ein bewährtes Heilmittel bei überaktiven und zu wenig Konzentration fähigen Kindern und Jugendlichen zu sein, und darüber hinaus ein breites Feld an Anwendungsmöglichkeiten unseres „modernen Daseins" zu öffnen.

Der weiße Industriezucker ist eine Ursubstanz, ohne die wir selbst und unsere Welt so nicht existieren könnten. Zucker als Stärke ist der erste Baustein des Lebens. Jede grüne Pflanze bildet Zucker. Er liefert die notwendige Energie für Wachstum, Blattbildung, Blüten und Früchte. Zucker als Ribose bildet das flexible Rückgrat unserer genetischen Information auf den Chromosomen. Ohne Zucker können wir nicht denken; das Gehirn kann nur Blutzucker, das Glukon, als Energieträger verwerten. Die süße Muttermilch, die Laktose, machte uns satt. Die süße Geschmacksqualität bleibt unser Leben lang dominant. Zucker ist aus dem gesellschaftlichen Leben nicht wegzudenken – er ist der „Versüßer" unseres Alltags. Seit dem Mittelalter wurde mit ihm sehr viel Geld verdient und Macht erworben. Zuvor war er ein Genussmittel über das Blütenprodukt Honig, dann wurden die „Qualitäten" der Zuckerrübe entdeckt und mit ihr die vollindustrialisierte Raffination. Das im Erdreich verwurzelte Rübenpflanzenwesen ist im Raffinationsprozess auf der Strecke geblieben. Er wurde reiner Kalorienträger, sauber und weiß. Mit dem potenzierten homöopathischen Mittel *Saccharum raf-*

finatum bedient man sich wieder der Heilwirkung des Zuckers. Dabei könnte es gelingen, nicht nur die körperlichen und seelischen Folgen des kollektiven Überkonsums von Zucker positiv zu beeinflussen, sondern auch einen Heilungsimpuls an unsere tiefsten Wesensanteile zu senden. Er könnte leicht eine breite Anwendung in der Praxis finden, aber auch in unseren verborgenen Aspekten eine tiefe Heilkraft entfalten.

Die Physiologie (und Pathophysiologie) des Zuckers in seiner materiellen, „toten" Form wäre das Arzneimittelbild von Zucker in der C 0-Stufe, also der Rohsubstanz, wie wir ihn normalerweise konsumieren. Hier wäre er im Wesentlichen reiner Kalorienträger und würde Übergewicht und Karies erzeugen, wohl auch Diabetes. Das wäre das Arzneibild von *Saccharum raffinatum*, wie es in der Naturwissenschaft nachgewiesen werden kann. Von dieser Ebene rührt das Verständnis her, dass ein starker Anstieg des Blutzuckers das in der Bauchspeicheldrüse produzierte Insulin mobilisiert, welches wiederum den Blutzuckerspiegel danach reaktiv abfallen lässt, oft sogar unter den Ausgangswert. Als Folge wird durch Zucker die Lust auf Süßes noch gesteigert. Dieser Teufelskreis macht sich besonders bei Fettsüchtigen bemerkbar – und erschreckend viele Jugendliche neigen dazu. Bei ihnen ist ein Effekt vermindert, der nach einer starken Insulin-Stimulierung eine Essbremse im Gehirn einschaltet. Untersuchungen lassen vermuten, dass unter der Wirkung von Zucker vermehrt Endorphine gebildet werden – sie wirken ähnlich der Opiate. Endorphine wirken schmerzdämpfend und offenbar Sucht erzeugend. Man möchte immer mehr und immer länger in diesem „Wohl-Stand" sein. Jeder, der schon einmal aus Frust eine Tafel Schokolade verspeist hat, kennt den kompensatorischen *Fresseffekt*. Physiologischer Zuckerkonsum als Weg in eine Sucht – nicht nur in die Fettsucht.

Hier sind wir dann von der C 0-Stufe der Potenzierung in die C1-Stufe übergegangen, in der der Zucker in den belebten Organismus übergeht und dort Empfindungen und vitale Reaktionen beeinflusst. Die zuckersüße Befriedigung ist das

Zentrale auf dieser Basis, das Verlangen nach Süßem mit Lust und Unlust, die vitale Überenergie und Unterenergie mit ihrem schnellen Umschlag.

Das wichtigste Nahrungsverlangen der typischen Kinder von heute hätte hier seinen Platz: Süßigkeiten, Pommes frites und Coca-cola. Wir können es erweitern auf alles Fast food – und das gilt dann nicht nur für unsere Kinder. Dabei geht es vor allem um die schnelle und mühelose Bedürfnisbefriedigung, die häufig, wenn sie nicht gleich erfüllt wird, in heftige Frustration umschlagen kann. Dies wäre die „einfache" Homöopathie: Der Mensch mit großem Süßigkeitsbedürfnis und geringer Frustrationstoleranz, der bei Unlust sofort etwas Süßes braucht oder ungenießbar wird. Gängige Symptome hierfür sind, Zahnfleischbluten, Blähungen, Verlangen nach Bewegung, Müdigkeit und Schlappheit, morgens nicht in die Gänge zu kommen.

Die nächste Ebene wäre die C2-Stufe, das seelische Gefühlsleben. Gängige Symptome hier sind: Lustigkeit, Witzigkeit, Albernheit, Euphorie, Frechheit, aber auch Gereiztheit, Übellaunigkeit und Ausrasten, wenn etwas nicht so läuft. Die Selbsttäuschung könnte heißen: Wenn ich nicht gut drauf, nicht witzig und cool bin und andere nicht zum Lachen bringen kann, dann werde ich nicht geliebt. Das wäre die Situation des Clowns, Kabarettisten oder Komikers. Insbesondere die Kinder und Jugendlichen leben in dieser Welt von Spaß und Spiel (Fun-Gesellschaft), die ohne jegliche Mühe jederzeit verfügbar sein sollen, zum Beispiel auch in Form von Fernsehen (wenn es nicht mehr passt, zappt man einfach weiter). Die so genannten Bonbons oder Seelentröster sind bei jeder Art von Missgeschick zur Hand. Gleichzeitig wird damit aber auch ein Bedürfnis abgespeist: „Ich brauche etwas, mir fehlt etwas." Die Werbung nutzt dies geschickt aus, indem sie Befriedigung durch Konsum vorgaukelt. Ich kann etwas schnell kaufen und muss es nicht erarbeiten. Im Extremfall wird es sogar geklaut – die Kriminalität in diesem Bereich steigt immens an.

Auf der folgenden C3-Stufe formuliert sich der Zucker wieder neu. Jetzt geht es um die raffinierten Methoden des „Raff-Sacks" (von der Abkürzung Sacc-raf), der hinter dem Geld her ist. Es geht um mentale Power, um Geschäftsleute, Karriere, Ehrgeiz, Warentermingeschäfte, Staatsgeschäfte und so weiter. In dieser Welt geht es ums Geld, einer Verführung, der man unmöglich widerstehen kann. Das Geld ist hier der Bonbon, durch den man sofort wieder „gut drauf" ist. Erfolg wird in Geld gemessen. „Money makes the world go around." Hier hieße die Selbsttäuschung: Wenn ich clever bin, wenn ich Geld und Erfolg habe, bin ich wer. Dann bin ich überall beliebt. Dazu muss ich schnell denken und rechnen, durchblicken und mich darstellen können. „Ich muss mich gut verkaufen." Es ist ein reales Monopoly. Im Erfolgsrausch dominiert das Gefühl – mir gelingt alles, ich kann alles. Aber der Absturz in den Ruin und in die Depression kann genauso schnell erfolgen.

Geld- und Erfolgssucht sind heute wahrscheinlich genauso häufig wie Zuckersucht. Reinlegen und Reingelegtwerden gehört in dieser Welt zur Tagesordnung. Wer ist heute nicht käuflich? Gerade in der Wissenschaft wird um dieses Thema ein großer Bogen gemacht; selbstverständlich auch in der Medizin. Darüber wird nicht öffentlich geredet.

Der Mensch auf der C3-Ebene des Zuckers wäre der ganz normale Mensch von heute, der finanziell „etwas drauf hat". Da wir alle in den kollektiven Energiefeldern der Geldherrschaft verwoben sind, könnte man provokativ sagen, wir sind „kollektiv zuckerkrank". Je mehr man sich mit sich und den kollektiven Themen befasst, desto mehr erkennt man die Doppeldeutigkeiten. *Es stimmt einiges, und doch stimmt es gleichzeitig gerade nicht – echt raffiniert.*

Man kann zweifelsohne sagen: Zucker ist Energie und Geld ist Energie. Beides ist weder gut noch schlecht; entscheidend ist, was wir daraus machen. Realität ist, dass mit dem Luxusgut Zucker ein Geldgeschäft gewachsen ist. In den Zuckerrüben und in den Zuckerrohrplantagen ist der Fleiß des Menschen ebenso wie der wohlverdiente Ertrag präsent. Aus dem Bonbon wurde eine Bombe. Die Realität des Zuckers ist süß und hart zugleich. Mit ihr wurde die Sklaverei geschaffen, beherrscht von der Diktatur des Überflusses. Verschwendung, Verschleierung, Verführung – all das war und ist es noch. Die

„dunkle Seite" des Zuckers beinhaltet auch, dass Melasse (ein in großen Mengen anfallendes Raffinationsnebenprodukt) zur Herstellung von Zyklon B diente, die daraus gewonnene Blausäure in der nationalsozialistischen Zeit verwendet wurde, um millionenfach Juden in Auschwitz und anderen Konzentrationslagern zu vergasen. Zucker mit tödlichen Folgen! Varsano, einer der großen Zuckerindustriellen Frankreichs, verglich Zucker mit einer „Nobeldirne, die einem alles nehmen kann und nie jemanden glücklich macht". Zucker ist verbunden mit einer mächtigen Mafia mit viel Glimmer, raschen Eskapaden, Stürzen, Zusammenbrüchen und Tragödien.

Es gibt vier einfache Fragen zum tieferen Verständnis des Zuckers:

- Wie gesund haben wir unseren Körper gebildet?
- Wie klar haben wir den Energie-Wert erkannt?
- Wie geschickt können wir mit Energie umgehen?
- Wie allgemein dienlich ist das konkrete geschaffene Werk?

Typische Krankheiten dieser Phasen wären zum Beispiel *Übergewicht, Unverständnis, verwöhnte Faulheit und die Unfähigkeit, etwas zustande zu bringen.*

Ich halte *Saccharum raffinatum* für ein Mittel, das erst jetzt in seiner Vielfalt entdeckt wird.

ALCOHOLUS – ÄTHANOL (ALKOHOL)

Es sollte an dieser Stelle nicht mehr wundern, dass Alkohol ein Heilmittel sein kann.

Alkohol kommt täglich in körpereigenen Prozessen vor, zum Beispiel bei der Gärung innerhalb mancher Verdauungsvorgänge. Die Leber kennt Alkohol, sie kann mit ihm umgehen, es ist kein Fremdstoff für sie – allerdings spielt hier das Maß eine entscheidende Rolle. Der menschliche Organismus besitzt ein Enzym, das Alkohol im Stoffwechsel verarbeitet. Lebewesen tun niemals etwas Sinnloses, sie wenden keine Energien unnütz auf; dass der Körper dieses Enzym produziert, weist also darauf hin, dass wir seit langer Zeit eine Beziehung zum Alkohol haben. Diese Beziehung muss beständig einem bestimmten Zweck gedient haben.

Wenn wir Medizin nehmen, sind dies meistens Tropfen aus alkoholischer Verdünnung – wobei in dieser Bezeichnung „Verdünnung" nichts mit dem Potenzieren gemein hat. Selbst Bachblüten und homöopathische Tinkturen beruhen auf einer Alkoholbasis. Das alles bedeutet aber noch nicht die Essenz von Alkohol, denn diese entfaltet sich erst durch den stufenweise durchgeführten Potenzierungsprozess – dann, nur dann können wir vom Heilmittel Alkohol reden. Neben der Tatsache, dass man mit Alkohol desinfizieren konnte (zum Beispiel zur Wundreinigung), diente er auch schon immer dazu, etwa zu konservieren, etwas haltbar zu machen. Mit dem Brauen von Bier (etwa vier bis sechs Prozent Alkohol) und der Weinkultur (etwa zwölf bis dreizehn Prozent) veränderte sich die Beziehung zwischen Alkohol und Mensch. Er war nicht länger etwas, das man zum Schutz der Gesundheit einnahm, sondern der Alkohol wurde verwendet, um einen Rauschzustand zu erzeugen. Man trank Alkohol, um seine Wahrnehmungen zu verändern.

Es überrascht nicht, dass Alkohol weltweit die Hauptdroge ist. Über ein Drittel aller Verbrechen werden unter dem Einfluss von Alkohol begangen. Unzählige Unfälle, unzählige Tragödien in Freundes- und Familienkreisen waren vom Alkohol geprägt.

Der Homöopath Paul Herscu sammelt seit Jahren die Arzneimittelprüfungsergebnisse des Alkohols.

Verwendet wird Äthanol, das ist der chemische Bestandteil, der sowohl für die meisten akuten als auch für alle chronischen Probleme verantwortlich ist, die mit Alkohol in Verbindung stehen.

Alkohol ist für seine Fähigkeit bekannt, ein anfängliches Wohlgefühl zu erzeugen. Es gelingt dem Menschen, aus sich herauszukommen. Es entsteht ein Gefühl zu schweben, ein Rauschzustand geprägt durch Heiterkeit. Wenn der Rauschzustand überhand nimmt oder der Mensch zu betrunken ist, können übermäßige Ausbrüche, einschließlich Wutanfälle, einsetzen. Die Sinne werden immer empfindlicher gegen Licht, Geräusche, Geschmack und Gefühle. Alles wird lebhafter wahrgenommen, häufig sogar gleichzeitig. Der Mensch wird verwirrt, es geschieht so viel, dass die Ereignisse und Eindrücke nicht mehr verarbeitet werden können. Um die Verwirrung zu lindern, zieht er sich zurück, muss allein sein. Er verschließt sich. Er will weder Licht noch Geräusche oder Stimulierung, weil alles noch größere Reizung für das Gesamtsystem Mensch wäre. Schwäche und Depression beginnen. Um aus diesem Zustand herauszukommen, entsteht ein neues Verlangen nach Stimulanzien.

Alkohol wirkt nicht nur mindernd auf die Verarbeitung anderer Nährstoffe ein, sondern er greift vor allem die meisten physiologischen Systeme an, einschließlich des Magen-Darmtrakts, des Herz-Kreislauf- und Nervensystems. Im neurologischen Bereich verursacht Alkohol viele Beschwerden. Er setzt kurzfristig die Funktionen des zentralen Nervensystems herab und verlangsamt Atmung und Herztätigkeit. Oft wird die Fähigkeit eingeschränkt, komplexe Verrichtungen auszuführen. Die motorische Koordination wird herabgesetzt, die Reaktionszeit verlängert und die Geschwindigkeit des Denkvorgangs gemindert. Die Urteilsfähigkeit im Arbeitsbereich sowie im sozialen Kontext ist reduziert. Ängste und natürliche Hemmungen sind durch die Einnahme von Alkohol erheblich herabgesetzt; von den alkoholbezogenen Entwicklungsstörungen des embryonalen Nervensystems ganz zu schweigen. Sicher ist, dass durch die Nabelschnur jeder Alkohol auf die Verfassung und Entwicklung eines Ungeborenen wirkt.

Menschen, die potenzierten Alkohol prüften, berichten von einem Gefühl des Schwebezustandes, sie lachten und redeten viel. Das Symptom des Täuschens bis hin zur Lüge tritt auf. Alkohol-Menschen lügen aus Spaß an der Lüge (nicht nur Not-Lügen). Hemmungsverlust, Wutanfälle und Vergnügungsdrang nehmen überhand.

Es kann zu erhöhten Sinneswahrnehmungen kommen, bis hin zu verzückten Zuständen. Der Sexualtrieb erhöht sich. Eines der durchgängigsten Symptome von Alkohol ist die Verwirrung, manchmal wird das als eine Art „Verarbeitungsproblem" dargestellt. Die Sinne funktionieren zwar, eventuell sogar geschärft, aber die Reaktion (Koordination) tritt verzögert ein. Das Verlangen nach neuer Stimulierung wächst, man braucht einen neuen Kick oder Schub.

Die überwältigende Schläfrigkeit wird begleitet von unruhigen Träumen. Sie träumen von Unfällen, von Zerstörung, von Wasser, von Ertrinken, von Verirrungen und so weiter. Nach dem Erwachen ist die Neigung zu Kopfschmerzen groß (Katerkopfschmerz). Sodbrennen und Verstopfung sind häufige Begleiterscheinungen.

ZUSAMMENSTELLUNG EINER HAUS- UND REISEAPOTHEKE

In dieser Zusammenstellung sind nur die wichtigsten Schlüsselsymptome im Sinne einer Ersten Hilfe genannt – sie ersetzen nicht immer den Arzt!

Die hier aufgeführten Mittel müssen nicht alle in eine Haus- und Reiseapotheke, Sie wissen selbst am besten, zu welchen Problemen Sie oder/und Ihre Familie neigen, so können Sie sich einige davon auswählen. Unbedingt sollten die Verletzungsmittel in einem kleinen Täschchen mitgeführt werden, welches man bei Sport und Freizeit eben auch dabei haben sollte. Verschiedene Firmen (über Apotheken) bieten Täschchen mit kleinen 1,5 Gramm Flachbodengläschen an, die man sich selbst zu Hause füllen oder auch schon gefüllt kaufen kann.

Für die Reiseapotheke kann man eine C 12-Potenz wählen, dann ist man bei den meisten unten genannten Mitteln außerhalb des Giftigkeitsbereichs und noch nicht bei den Hochpotenzen, um die Lebenskraft nicht zu *ver*stimmen. Je mehr Wissen und Erfahrung gesammelt werden, um so häufiger werden verständlicherweise auch Potenzen von C 30 oder LM eingesetzt. Wenn man im Akutfall eine Gabe von zwei Globuli eingesetzt hat, entscheidet die Schwere des Ereignisses, ob man nach zehn oder zwanzig Minuten eine Gabe wiederholt oder – falls die eine Gabe schon wirkte – erst wiederholt, wenn sich der Zustand verschlechtert. Wenn nach zwei höchstens drei Gaben überhaupt keine Erleichterung erkennbar ist, hat man womöglich das falsche Mittel gegeben (oder selbst eingenommen). Bei beginnender und fortschreitender Besserung erfolgt keine weitere Gabe. Je akuter der Zustand ist, desto schneller sollte die Besserung eintreten.

ACONITUM – ECHTER STURMHUT

Schock, Angst, Folgen von kaltem Wind (Zugluft), trockene Kälte. Typisch sind ein akutes, heftiges Einsetzen von Beschwerden mit Fieber, Unruhe und Angstgefühlen. Kein Schweiß, viel Durst, empfindlich gegen Berührung.
Schlimmer: Nachts. Im warmen Raum.
Besser: Im Freien. Bei Ruhe und Absonderung von Schweiß.

APIS – BIENE

Schock. Nach Bienen- oder Wespenstich. Schwellung heiß und rot. Insektenstiche, Venenentzündung, typisch sind stechende, brennende Schmerzen. Allergische Schwellungen im Gesicht, um den Mund oder im Hals.
Schlimmer: Bei Hitze und Berührung.
Besser: Durch kalte Umschläge.

ARNICA – BERGWOHLVERLEIH

Wichtigstes *Verletzungsmittel*. Empfinden wie wundgeschlagen, alles tut weh, alles ist zu hart. Hauptmittel bei Schock und Blutung (Unfall, Sturz, Fall auf den Kopf) Prellungen, Quetschungen, stumpfe Verletzungen, Folge von Überanstrengungen, Übermüdung, Operation. Bei Zahnungsbeschwerden (Kinder), wenn es nicht so schlimm ist wie für Chamomilla.
Schlimmer: Bei Berührung und Bewegung.
Besser: Im Liegen und durch Ruhe.

ARSENICUM – WEISSER ARSENIK

Vergiftungsmittel durch Insekten oder Blutvergiftung. Nahrungsmittelvergiftung durch verdorbenes Fleisch, ranziges Fett, verdorbenes Eis oder Wurst. Folge von übergroßer körperlicher Anstrengung. Empfindet sehr große Schwäche, große Angst und Unruhe mit Bewegungsdrang. Brennende Schmerzen. Unstillbarer Durst, aber trinkt nur in kleinen Schlucken!. Ekel vor Essen. Durchfälle sind wundmachend und auffallend stinkend.

Schlechter: Nachts (besonders nach Mitternacht) und bei Kälte.
Besser: Durch Wärme.

BELLADONNA – TOLLKIRSCHE

Roter, heißer Kopf und trockene Haut bei Hitzschlag, klopfender Kopfschmerz (schlechter durch Bewegung). *Erstes akutes Entzündungsstadium*. Schleimhäute trocken, krampfartiger Husten, Hals wie zusammengeschnürt, eventuell folgt heißer Schweiß bei Fieber. Heftige Ohrenschmerzen, oft rechts beginnend. Frostgefühl bei Fieber, kühle Hände oder Unterschenkel/Füße bei sonst hohem Fieber.
Schlechter: Abends und nachts, bei Sonnenhitze, Aufregung, Licht, Geräusche oder Erschütterung.
Besser: Durch Ruhe.

BRYONIA – WEISSE ZAUNRÜBE

Berstender Kopfschmerz bei Grippe, Bronchitis mit trockenem, hartem, krampfhaftem Reizhusten und Gliederschmerzen. Trockenheit aller Schleimhäute und stechende Schmerzen.
Schlechter: Bei Bewegung. Morgens. Bei unterdrückten Absonderungen und nach dem Essen.
Besser: Durch Schweißabsonderung und Liegen auf der kranken Seite. Bei Ruhe.

CANTHARIS – SPANISCHE FLIEGE

Verbrennungschock, intensive Schmerzen nach Verbrennungen (Blasenbildung). Harnblasenentzündung, Schmerzen und Entzündungen im Nieren- und Blasenbereich. Heftige Schmerzen in Blase und Blasenhals vor, während und nach dem Harnlassen mit häufigem Harndrang. Harn blutig, schleimig, eiweißhaltig (sieht flockig aus). Erhöhte Reizbarkeit.
Schlechter: Bei Berührung und Bewegung im Freien und bei kaltem Wasser.
Besser: Bei Wärme und Ruhe.

CARBO VEGETABILIS – HOLZKOHLE

Kollapszustand. Patient ist blass und kalt. Besserung durch Luftzufächeln. Große Angst am Herzen. Völlegefühl, Gärung und große Auftreibung im Magen-Darmbereich. Säurebildung mit Brennen im Magen. Stauungsbeschwerden im Magen-Darm, wenn Gase unter der Zwerchfellkuppel festsitzen, Blähungskoliken.
Schlechter: Im Freien, bei Aufdecken und Zugluft.
Besser: Durch Essen und Hitze.

CAUSTICUM – ÄTZSTOFF AUS GEBRANNTEM KALK

Bei schweren Verbrennungen; nimmt den Verbrennungsschmerz bei Blasenbildung. Ist ein großes Konstitutionsmittel, das in diesem Rahmen nicht näher benannt wird.

CHINA OFFICINALIS – RINDE DES CHINABAUMS

Bei völliger Entkräftung des Körpers durch Säfteverlust (durch Blutungen, Stillen, heftiges Erbrechen, Durchfälle). Dadurch Kopfschmerzen.
Schlechter: Bei leichtem Berühren, bei Luftzug und nach dem Essen.
Besser: Im Freien, bei Wärme, durch sich Krümmen und starkem Druck.

COCCULUS – INDISCHE KOCKELSKÖRNER

Unangenehme Folgen von Nachtwachen oder durchwachte Nächte von Eltern, wenn das Schlafbedürfnis unterdrückt wurde. Übelkeit beim Fahren im Auto und auf Schiffsreisen (*Tabacum* für die See noch spezifischer), mit Schwäche und Erbrechen. Metallischer Geschmack, spastisches Gähnen trotz genügend Sauerstoff.
Schlechter: Durch Essen, durch Aufenthalt im Freien.

COLCHICUM – HERBSTZEITLOSE

Trockenheit des Mundes trotz Speichelfluss. Übelkeit und heftig anhaltendes Erbrechen von Speisen, Galle und Schleim, große Erschöpfung. Sehr empfindlich und reizbar. Innere Kälte. Allein vom Geruch der Nahrung Übelkeit bis Ohnmacht.
Schlechter: Nachts; bei Bewegung und geistiger Anstrengung.
Besser: Durch Bücken und Ruhe.

COLOCYNTHIS – KOLOQUINTE

Folge von Ärger und Zorn. Magen-Darmentzündung mit Koliken. Krampfartige Schmerzen während der Menstruation oder bei Gasbauch. Durchfall, Gallekoliken, muss sich krümmen. Akute Ischias-Schmerzen.
Schlechter: Durch Ärger.
Besser: Durch Krümmen und starken Druck. Durch Wärme und Liegen.

DULCAMARA – BITTERSÜSS

Folge von Kälte und Nässe von unten (von den Füßen), durch nasskalte Witterung und Sitzen auf kaltem Boden. Symptome von kalter Feuchte an warmen Tagen oder auch durch zu langen Aufenthalt im kalten Wasser an heißen Tagen. Gefühl, sich erkältet zu haben.
Besser: Durch Wärme und Ruhe.

EUPATORIUM PERFOLIATUM – WASSERHANF

„Knochenrenker"– Glieder- und Muskelschmerzen bei fieberhafter Erkältung. Grippe, Schlaffheit, Kopfschmerzen (Augäpfel, Hinterkopf) mit Schweregefühl, Heiserkeit und Husten mit Empfindlichkeit in der Brust. Reizbarkeit, anhaltende Rückenschmerzen.
Schlechter: Nachts.

FERRUM PHOSPHORICUM – EISENPHOSPHAT

Bei Nasenbluten; bei Gesichtsblässe oder Kopfschmerzen durch zu viel Sonne. Wenn fieberhafte Infekte mit Schnupfen und Ohrenschmerzen langsam beginnen (bei *Belladonna* schnell und heftig).
Schlechter: Nachts und bei Berührung.
Besser: Durch kalte Anwendungen.
Ausnahme bei der Dosierung: Besser D6, alle 2 – 3 Stunden.

GELSEMIUM – GELBER WINTERJASMIN

Ohnmacht durch schlechte Nachrichten, Furcht und Sorgen. Folge von Erwartungsängsten und Aufregungen (Prüfungen). Wasserlassen, Durchfall nach den Aufregungen. Danach schläfrig und benommen vor Erschöpfung. Kopfschmerzen ziehend vom Hinterkopf in die Stirn. Grippe. Halsschmerzen bis in die Ohren ziehend. Will im Fieber festgehalten werden wegen starken Zitterns. Bei Masern. Langsame Entwicklung der Erkältung.
Schlechter: Bei feuchtem Wetter und Erregung.
Besser: An der frischen Luft. Durch Stimulanzien (mag heißen Grog und dann schwitzen).

HYPERICUM – JOHANNISKRAUT

Nervenverletzungen, zum Beispiel schießende Schmerzen den Nerv entlang, Quetschungen nervenreicher Gebiete (Fingerkuppen), große Schmerzhaftigkeit, Sturz auf das Steißbein.
Schlechter: Bei Kälte und geringster Berührung.

IPECACUANHA – BRECHWURZEL

Dauernde Übelkeit und Erbrechen, bei fieberhaftem Husten und Übelkeit, Zunge ist sauber, fast ohne Belag, Blutungen hellrot und reichlich (bei Menstruation).
Schlechter: Durch Hinlegen.

LEDUM – SUMPFPOST

Hauptmittel bei Bisswunden (Insekten, Tiere), infizierte Insektenstiche, nach Zeckenentfernung! Nadelstiche, Verletzung durch Dornen oder Splitter. Gegenmittel bei Spinnengiften. Mangel an Eigenwärme.
Schlechter: Durch Wärme, nachts und bei Bewegung.
Besser: Bei Kälte.

MILLEFOLIUM – SCHAFGARBE

Ein unvergleichlich gutes Mittel bei Blutungen (Blut hellrot), zum Beispiel bei Blutungen zwischen den Menstruationen (ersetzt nicht den Gang zum Arzt, ist nur eine Erste Hilfe für den Notfall)! Nasenbluten. Starke, helle Blutung aus Hämorrhoiden.

MERCURIUS SOLUBILIS – QUECKSILBER

Starkes mineralisches Mittel, nur bedacht einsetzen! Bei Zahnschmerzen ist Mercurius ein bremsendes Mittel. Es ersetzt natürlich nicht den Zahnarzt. Bei eitriger Mandelentzündung mit viel Speichelfluss und metallischem Geschmack.
Schlechter: Bei Wärme und Kälte. Nachts und durch Bettwärme.

MYRISTICA SEBIFERA – MUSKATNUSSGEWÄCHS

Starkes Mittel mit antiseptischer Wirkung, treibt Schmutz aus Wunden. Hilft Abszesse zu öffnen. Panaritium (Umlauf am Nagelbett); man nennt es das "homöopathische Skalpell"!

NATRIUM MURIATICUM – KOCHSALZ

Großes mineralisches Mittel, nur bedacht einsetzen. Hitze- und Sonnenempfindlichkeit, Sonnenallergie, Hitzekrampf bei Sonnenstich. Herpes der Lippen bei Sonne. Erkältungen beginnen mit langen Niesattacken.
Schlechter: Bei Wärme, durch Hinlegen oder Anstrengung.

Besser: Im Freien; durch ein kaltes Bad. Beim Liegen auf der rechten Seite.

NUX VOMICA – BRECHNUSS

Reizmittel bei zu viel Alkohol, Tabak, Kaffee und nach Arzneimittelunverträglichkeit (nach Narkose oder Betäubungsspritzen). Heftiges Sodbrennen (nach Zorn, geistiger Überarbeitung, Sauer-sein). Übelkeit und schwieriges Erbrechen (Magen wie ein Stein). Kopfschmerzen im Sonnenschein und nach Magenverstimmung. Benommen machende Erkältung, Nasenverstopfung nachts.
Schlechter: Morgens, nach dem Essen; bei Berührung und Kälte.
Besser: Nach kurzem Schlaf. Abends; in Ruhe. Bei starkem Druck.

OKOUBAKA

Wirkt entgiftend. Magen-Darm-Beschwerden im Ausland oder durch fremdes, nicht vertrautes Essen.

PHYTOLACCA DECANDRA – KERMESBEERE

Schmerzhafte Drüsenschwellungen mit Hitze und Entzündung, Halsschmerzen, Angina. Raues, enges, heißes Gefühl im Rachen, geschwollen, mehr rechts, einschießender Schmerz bis in die Ohren. Bei Mastitis (entzündete Brust während der Stillzeit. Vorsicht: Tiefe Potenzen verringern die Milchbildung).
Schlechter: Durch heiße Getränke, feuchtes Wetter und Bewegung.
Besser: Durch Wärme, Ruhe und trockenes Wetter.

PULSATILLA – KÜCHENSCHELLE

Widerspruchsvolle, wechselnde Symptome! Nach fettigem Essen Beschwerden mit Magen und Darm, weinerliche Stimmung. Übelkeit und Erbrechen nach verdorbenem Obst oder

Pilzen. Wenn nach beginnendem Schnupfen Ohrenschmerzen auftreten. Husten nachts trocken, morgens zäher, gelber Schleim. Gerstenkörner.
Schlechter: Im warmen Zimmer.
Besser: Im Freien, kühle Luft, Bewegung, häufiger Lagewechsel. Trost!

RHUS TOXICODENDRON – GIFTEICHE, GIFTSUMACH

Sehnenverletzungen, reißende Schmerzen in den Bändern, Gelenkschmerzen, starke Unruhe. Ändert dauernd seine Lage. Schmerzen, als ob etwas auseinandergerissen wird, zu Anfang bei Bewegungen schmerzhafter, dann besser. Verlangen nach Milch. Erkältungen nach Unterkühlung und Nässe, wenn man vorher selbst warm war (beim Sport).
Schlechter: Nach Schlaf, durch kaltes und feuchtes Wetter. Bei Ruhe.
Besser: Durch Wärme und Reiben.

SILICEA – KIESELSÄURE

Folge von unterdrückten Absonderungen. Chronischer Schnupfen (Stirnhöhlenschmerz). Zahnschmerzen durch Kälte. Furunkel, Eiterungen, Abszesse (Fingerumlauf, eingewachsene Zehennägel). Wunden heilen schlecht. Treibt Splitter oder Fremdkörper aus der Wunde. Frostigkeit, erkältet sich sehr leicht durch kalte Füße.
Schlechter: Bei Kälte und im Winter.
Besser: Durch Wärme.

STAPHISAGRIA – STEPHANSKÖRNER (RITTERSPORN)

Hauptmittel bei Riss- und Schnittverletzungen, nach Operationen wie Kaiserschnitt oder Bauchschnitt, glatte Schnitte mit Glasscherben an großen Handwerksgeräten und Ähnlichem. Stechende, brennende Schmerzen wie Messerstiche. Bei Blasenreizungen oder Blasenentzündungen, die nach Koitus auftreten. Bei Verletzungen der Genitalien durch Unfall oder

durch Vergewaltigung (Kränkung mit innerer Entrüstung). Gerstenkörner.
Schlechter: Bei Berührung.
Besser: Durch Wärme und Schlaf.

SULFUR – SCHWEFEL

Mittel nach Unterdrückungen und bei akuten Krankheiten. Chronischer, trockener Schnupfen oder brennend wundmachend.
Schlechter: Durch Milch; um 11 Uhr vormittags; durch Bettwärme, Waschen oder alkoholische Stimulanzien.
Besser: Durch trockenes Wetter.

TABACUM – TABAK

Übelkeit, mit und ohne Erbrechen. Schwindel, tödliche Blässe, eisige Kälte und Schweiß. Sehr bewährt bei Reisekrankheit, besonders auf den Wasserwegen (Aufenthalt auf Boot/Schiff), wenn die Übelkeit erst durch starken Sturm ausbricht.

TARTARUS STIBIATUS – BRECHWEINSTEIN

Besonders bei Kindern und alten Leuten: Schleimrasseln bei der Atmung, Husten mit wenig Auswurf, rasches, kurzes, schwieriges Atmen. Will aufrecht sitzen. Dick belegte Zunge, benommen und schläfrig. Übelkeit mit Angst und Durchfall, will nicht allein sein.
Schlechter: Abends; beim Hinlegen; durch feucht-kalte Luft.
Besser: Durch kalte Getränke; verlangt nach Obst; aufrecht sitzen, aufstoßen und Schleimauswurf.

URTICA URENS – BRENNNESSEL

Brennnesselartige Ausschläge (Allergie), heiß, brennend, Quaddelbildung und anschließend heftiger Juckreiz. Verbrennungen, Verbrühungen, nach Kontakt mit feurigen Quallen. Herpes labialis mit Hitze und Juckgefühl.

Schlechter: Durch Wasser und Berührung.
Besser: Durch kalte Anwendung (trocken).

VERATRUM ALBUM – WEISSER GERMER

Äußerstes Kältegefühl mit Frieren, trotzdem Verlangen auf kalte Getränke, eisige Kälte der Haut mit kaltem, klebrigem Schweiß auf der Stirn. Kreislaufkollaps mit Erbrechen.
Besser: Durch äußere Wärme.

FALLBEISPIELE

Anhand einiger Fallbeispiele aus dem Alltag mögen die beschriebenen Arzneimittelbilder weniger abstrakt aussehen. Ich wählte solche aus, in denen sich eine Begleitung durch Aura-Soma-Essenzen sinnvoll ergänzte.

Die Geschichte von Joseph: Graphites und der gold-farbene Pomander

Ein etwa sechzigjähriger Mann kommt in die Praxis wegen immer wiederkehrender Hautausschläge an den Händen. Sein Wunsch ist es, endlich wieder einmal etwas anfassen zu können und die für ihn ekligen Ekzeme loszuwerden. Er leidet an beiden Händen an Ausschlägen, die jeweils zwischen den Fingern mit Bläschen beginnen und sich dann über die ganze Haut ausbreiten. Es juckt im Bläschenstadium fürchterlich, und er kann beim besten Willen nicht aufhören zu kratzen. Besonders nachts, im Halbschlaf, macht es ihn rasend, und dann kann er sich nicht mehr beherrschen. Wenn die Haut dann rissig und aufgekratzt ist, sind Infektionen und Eiterungen nicht selten. Diese heilen dann umso langsamer ab. Die neue Haut (rot, dünn, sehr trocken, pergamentartig) reißt wieder ein und entzündet sich erneut. Der Patient hat schon verschiedenste Hautärzte konsultiert, aber nichts half auf Dauer. Neuerdings fing es an den Füßen auch an. Von den Zehen aus hatte sich der Ausschlag über den ganzen Fußrücken verteilt.

Auf die Frage, was er sonst noch für Beschwerden hätte, erzählte er nicht viel. Sonst sei alles in Ordnung. Er arbeitete als Angestellter in einem Büro, was ihm Spaß machte. Seine Familiensituation war eher etwas schwierig. Er wohnte mit seiner Frau im Haus seiner Eltern, seine fünfundachtzigjährige Mutter lebte im Parterre des Hauses und hatte noch das Sagen im Haus. Seine Frau verstand sich mit der Schwiegermutter sehr gut, aber er entzog sich allem, indem er abends gerne und lange mit seinen Bierchen vor dem Fernseher saß. Er war recht korpulent – er könne ja auch mit den Händen nichts machen. So lautete vorerst seine Geschichte.

Das homöopathische Arzneimittel *Graphites* hilft gut, insofern keine neuen Bläschen mehr entstehen und die Ekzeme langsam, sehr langsam abheilen. Nach drei Wochen kommt er zu einem nächsten Gespräch. Die Haut sieht sehr dünn und verletzt aus, aber es juckt ihn weniger, und er fühlt sich auch insgesamt wohl.

Wir kommen auf die Aura-Soma-Essenzen zu sprechen, die im Blickfeld des Schreibtisches stehen. Auf die Frage, welche Farbe ihn den ansprechen würde, wählt er nach einer Weile des Anschauens den goldfarbenen Pomander. Ich erzähle ihm über die Farbe Gold und die weiteren Informationen, die das Fläschchen enthält. Gold repräsentiert den Solarplexus mit dem Zentrum von Mut, der Fähigkeit, sich auszudehnen und seine eigene Wahrheit zu finden. Er geht auf das Gespräch ein und erkennt für sich, dass er sich in dem Haus seiner Mutter und mit seiner Frau oft auf verlorenem Feld fühlt. Da könne er gar nichts anpacken, die Frauen machten alles, und bevor er sich mit denen einließe, zöge er sich lieber zurück.

Die Haut, als seine Grenze, hat schon oft genug Übergriffe ertragen, er traut sich nicht, für sich selbst einzustehen. Dass man die Essenz in die Aura einfächeln kann, davon will er nichts wissen. Er benutzt sie an den schon geschlossenen Hautstellen seiner Hände und „reibt" es nach dem Duschen auf den Bauch ein.

Die Ekzeme an Händen und Füßen heilten weiterhin gut ab. Es vergingen Monate, bis wieder ein paar Bläschen auftauchten, die aber ohne große eitrige Infektionen abheilten. Ihm gefiel es, dass seine Haut durch den Pomander geschützt wäre (so seine Worte).

Graphites ist Reißblei, das wir aus dem Bleistift kennen. Vieles hinterlässt bei *Graphites* Spuren. Es ist ein großes Mittel für Hautkrankheiten mit nässenden, hartnäckigen Ausschlägen. Der seelische Bezug von *Graphites* hat mit Abdichtung zu tun, mit der „Hornhaut der Seele", wenn der äußere Schutzpanzer (Haut) verletzt wird. *Graphites*-Typen sind eher bequem und entscheidungsunfreudig, sie lenken sich lieber von der Bewältigung der wirklichen Probleme ab und „fressen alles in sich hinein", als dass sie für etwas kämpfen würden. Insofern kann der goldfarbene Pomander den Patienten gut unterstützen, um mehr Mut für sich selbst zu entwickeln.

Die Geschichte von Ute: Causticum und die Quintessenz Saint Germain

Eine dreiundfünfzigjährige Frau, die attraktive Managerin eines gut laufenden Familienbetriebes, kommt wegen Sehnenverkürzungen in beiden Händen in die Praxis. Sie habe das geerbt, ihr Großvater und ihr Vater hätten das auch gehabt, wenngleich in späteren Jahren. Mittlerweile macht es ihr Schwierigkeiten, etwas fest anzupacken, und sie kann die Hände nicht mehr ganz öffnen. Das ist ihr sehr peinlich im Geschäft, wenn sie Menschen mit halbgekrümmten Händen begrüßen muss. Die Ärzte hätten ihr zur Operation geraten, sie habe dafür aber keine Zeit und wolle es erst noch homöopathisch probieren. Bei der weiteren Anamnese stellen sich dann noch vielerlei Wehwehchen heraus, für die sie aber durch ihre sie ganz in Anspruch nehmende Arbeit keine Zeit habe. Etwas, was ihr wirklich viel ausmachte, war, dass sie sehr oft Blasenentzündungen und eigentlich immer mit der Blase Probleme hatte. Sie brauchte eigentlich immer eine Toilette in der Nähe, sonst fühlte sie sich nicht sicher.

Es zeigt sich, dass diese Frau eine umfangreiche Geschichte auslebt. Ihre Mutter starb sehr früh an Krebs und sie hat sie (mit zwanzig Jahren) gepflegt und im Sterben begleitet. Es war für sie selbstverständlich, dem Vater im Geschäft beizustehen, und seitdem organisiert sie alles. Ihr Vater trat es gerne zur gegebenen Zeit an sie ab und genießt, wie sie als „seine" tolle Tochter alles bewältigt. Eine jüngere Schwester verunglückte tödlich, das war auch schlimm für Ute – aber das Leben geht weiter (so ihre Worte).

Diese Frau bekam das homöopathische Arzneimittel *Causticum* (gebrannter Ätzkalk), das neben der Sehnenzusammenziehung und dem Blasenleiden auch ihre psychische Situation mit einbezieht. Nach drei Wochen konnte sie berichten, dass sie sich insgesamt wohler und kräftiger fühlte. Ihr wurde erst jetzt so richtig bewusst, wie ausgelaugt sie war. Sie musste nicht mehr ganz so häufig zur Toilette, manchmal dachte sie gar nicht mehr daran.

Wir kamen ins Gespräch über ihre Art, sich für das Geschäft einzusetzen, und dass die Arbeit ein Dienen, aber keine Aufopferung sein kann.

Causticum-Menschen empfinden enormes Mitgefühl und schaffen Unglaubliches, um anderen zu helfen. Dabei können sie manchmal auch zum „liebevollen Tyrannen" werden. Sie sagen, was gemacht wird und meinen es gut dabei – aber dann wird alles auch so und nicht anders gemacht. Chronische Blasenleiden deuten auf viel psychischen Druck hin oder auch auf ungeweinte Tränen. Beides traf bei ihr zu. Sie wurde immer offener im Gespräch und gestand sich selbst ein, dass sie die Trauer um die Mutter und die Schwester in Arbeit erstickt hatte und dem Vater ja auch beistehen wollte. Sie wählte sich aus dem Repertoire der Essenzen die violette aus. Sie deutete auf Saint-Germain, was eine wunderbare Wahl war, hilft doch gerade dieses Energiefeld dabei, nicht im Leid hängen zu bleiben und den wahren Wert des „Ich bin" zu erkennen.

Die Geschichte von Susanne: Lachesis und die Quintessenz Maha Chohan

Susanne ist fünfunddreißig Jahre und kommt zur homöopathischen Behandlung wegen immer wiederkehrender Anginen. Sie hat die Nase voll von Antibiotika, die sie jedes Jahr mindestens dreimal bekommt. Die letzte Angina, mit zwei heftigen Rückschlägen, hat ihr die letzten Kräfte geraubt. Die Frau plaudert munter drauf los, ich brauche nichts zu fragen und komme kaum mit dem Mitschreiben hinterher. Die Entzündungen im Hals beginnen immer links, manchmal wechseln sie dann noch auf die andere Seite, aber die linke ist immer beteiligt. Die Schmerzen sind ganz schlimm, und sie will nicht schlucken, wobei Nahrung sich noch leichter schlucken lässt als Flüssigkeit. Sie mag auf keinen Fall ein warmes Tuch um den Hals, das kann sie überhaupt nicht leiden. Sie hatte im letzten Jahr zunehmend Herzprobleme, schiebt das aber auf die vielen chemischen Medikamente, die sie schon nehmen musste. Sie ist sehr erschöpft (sie meint, das käme auch von den Medikamenten), kann aber nicht gut schlafen. Erstens ist sie ein Nachtmensch und abends am aktivsten, und wenn sie dann schläft, hat sie so lebhafte und manchmal auch angstvolle Träume (weil sie deren Bedeutung nicht versteht), dass sie noch müder aufwacht, als bevor sie ins Bett ging. Sie meint, sie könne Bücher über ihre Träume schreiben, so heftig seien sie. Sie erinnert sich oft bis in alle Details, aber sie muss sie verstehen, sonst fühlt sie sich immer verwirrter.

Schon während ihrer Aufzählungen fragt sie immer wieder nach den schönen Farbflaschen, und anschließend schlage ich ihr vor, ob ihr denn eine von den türkisen, hellblauen oder blauen Essenzen gefallen könnte. Sie schaut sich die verschiedenen Farb-Schattierungen an (redet ununterbrochen dabei) und entscheidet sich für die helltürkise Quintessenz Maha Chohan. Ich erkläre ihr, dass gerade diese Meisteressenz bei der Entschlüsselung von Symbolen und Träumen eine Unterstützung biete und wie sie angewendet wird. Die Farbe helltürkis wird heilsam auf ihr Kehl-Energiezentrum wirken, denn das scheint eine Problemzone für sie zu sein.

Das homöopathische Mittel für diese Frau ist eindeutig *Lachesis*, das giftige Sekret der Buschmeisterschlange. Es ist besonders bekannt bei linksseitigen Anginen, Redefluss, Herzsymptomen und lebhaften bis ängstigenden Träumen. Da durch chemische Medikamente schon öfters Unterdrückungen stattgefunden haben, ist abzuwarten, wie ihr Organismus auf den Reiz von *Lachesis* reagiert. Eine mögliche Reaktion wäre, dass noch einmal eine Halsentzündung auftaucht, die dann richtig ausheilen kann.

Lachesis-Menschen kennen starke geistige und seelische Erregungen, die sich oft in endlosem Redestrom Luft machen (Verbalneurotiker). Der Hals (Kehle) ist, wie bei der Schlange selbst, der „wunde Punkt" des Körpers. Sie sind sprunghaft, vielgeschäftig, in ängstlicher Stimmung, misstrauisch und haben oft eine Verbindung zu tieferen (oder höheren) Ebenen, was sie verwirren kann. Sie bewegen sich manchmal auf dem schmalen Grat zwischen Wahrheit und Lüge oder zwischen Liebe und Hass (es ist eines der 'eifersüchtigsten Mittel' der Materia Medica). Zweifel gehört untrennbar zu *Lachesis*.

Ihre ungeheure Vitalität geht oft einher mit einem inneren Kampf des Triebhaften gegen die kontrollierende Vernunft. Sie brauchen ein Ventil für diesen inneren Druck. *Lachesis* ist der *Täter im Opfer* und umgekehrt. Sie sind suchtgefährdet, sie erhoffen sich Dämpfung oder Wahrnehmungsstimulation von Alkohol, vertragen ihn aber nicht.

Die Geschichte von Ann-Katrin – Calcium phosphoricum und das Equilibrium Sternenkind

Ann-Katrin ist gerade acht Jahre geworden und eigentlich todunglücklich, nichts macht ihr wirklich Freude, sie nörgelt an allem und jedem. Ihre Unzufriedenheit kennt keine Grenzen, sie will jetzt das spielen, in fünf Minuten etwas anderes, ist dann aber böse mit sich selbst, weil sie das Erste nicht zu Ende gebracht hat. Die besorgte Mutter kommt mit ihr in die Praxis, weil Ann-Katrin immer häufiger über Kopfschmerzen klagt, wenn sie ihre Schulaufgaben machen soll. Die Mutter ist sich unsicher, ob das Mädchen die Aufgaben nicht machen *will* oder wegen der Anstrengung nicht *kann.* Ann-Katrin sei schon immer sehr schwach und Ausdauer noch nie ihre Stärke gewesen. Auch ihr Knochenbau sei auffällig, die Fontanellen hätten sich früh geschlossen, wären dann aber wieder „weich" geworden. Sie klagt oft, dass sie ein Kribbeln in den Beinen habe, was sie nervös machte. Sie weint sogar manchmal nachts, weil ihr die Unterschenkelknochen schmerzen. Ann-Katrin ist blass, sehr kräftig, isst am liebsten Schokolade und Salami. Die Mutter bestätigt, die Dramen am Esstisch seien endlose Geschichten.

Ann-Katrin schaut zunächst sehr skeptisch auf die Aura-Soma-Essenzen, wählt nach einiger Zeit die hellrosa Essenz aus – die Quintessenz Orion und Angelika. Sie wählte also (unbewusst/bewusst) den *Schutz* für sich aus. Ich erkläre ihr, wie man ihn anwendet, und wir machen es einmal zusammen. Das gefällt ihr, zumal es sehr einfach geht. Sie hält das Fläschchen immerzu an die Nase, weil ihr der Duft so gut gefällt. So kann das Energiefeld von Orion und Angelika sie auf ihrer Reise von der Schwäche zur Stärke und zu ihrer individuellen Kraft ins Leben begleiten.

Das homöopathische Mittel für Ann-Katrin ist *Calcium phosphoricum*, ein sehr bewährtes Mittel für das körperliche wie geistig-seelische Wachstum. *Calcium* und *Phosphor* – sind beides Bausteine für den Knochen, für Halt, Festigkeit und Ausdauer auf allen Ebenen. Noch spielen in ihrer Entwicklung Weichheit und Stärke, Ausdauer und Flexibilität eine Rolle. Beim *Calcium phosphoricum*-Menschen ist Unzufriedenheit und geistige Schwäche ein Thema. Er bekommt Kopfschmerzen bei den geringsten geistigen Anstrengungen und hat ein Essverlangen, das die Symptome noch verschlimmern würde (Saccharose-Thema).

Scheinbar hat Ann-Katrin die Wende ins Erdenleben noch nicht genommen, deshalb empfehle ich der Mutter, Ann-Katrin mit dem Equilibrium *Sternenkind* (Blau über Rosa) einzureiben. Die Mutter sollte das bewusst tun, um ihrer Tochter eine Begleitung zu bieten, wenn sie in die Härte des Lebens eintritt. Ich erkläre ihr das Verschütteln und wie sie dann die Beine liebevoll einmassieren kann. Auch bei den Kopfschmerzen kann *Sternenkind* auf der Stirn, am Haaransatz und bis tief in den Nacken eingebracht werden.

Die Geschichte von Nils – Alumina und der orange Pomander

Eine junge Mutter berichtet besorgt von ihrem elf Monate alten Sohn Nils. Während ihrer Beschreibung sitzt ein Wonneproppen auf ihrem Schoß, plappert vor sich hin, spielt mit seinen Händen und allem, was er im nächsten Umkreis zu fassen bekommt. Es scheint so, als sei alles für ihn in Ordnung, wenn Mama in seiner Nähe ist. Als ich mich ihm zuwende, lacht er, wirkt aufmerksam und freundlich.

Laut Mutters Untersuchungs-Heft ist er vom Gewicht her an der unteren Grenze, und sie macht sich Sorgen, weil er so wenig isst und trinkt. Schwangerschaft und Geburt verliefen ohne besondere Vorkommnisse. Die Schwierigkeiten fingen erst an, als die Mutter nicht mehr stillen konnte. Nils ist das dritte Kind. Sie hatte zu Hause keine Ruhe und fühlte sich mit allem überfordert, so dass die Milch nicht mehr reichte. Ab der sechsten bis siebten Woche hatte sie Fertignahrung zugefüttert. Mit drei Monaten hatte Nils erstmals einen deftigen Schnupfen bekommen, seitdem war er ihn nicht wieder los geworden. Er hatte eine ganz verstopfte Nase und morgens dicke, gelbgrüne, festgewordene Schleimpfropfen und Krusten an den Nasenlöchern. Er hustete auch, und der Husten war trocken und hart. Manchmal trat auch ein schleimiges Röcheln auf.

Das größte Problem von Nils war aber seine Verdauung. So trocken wie seine Nasenschleimhaut schien auch sein Darm zu sein. Er sei andauernd verstopft und habe scheinbar auch gar keinen Stuhldrang. Wenn dank Mutters Bauchmassage dann doch Stuhl abging, war er wie ausgetrocknet, und selbst weicher Stuhl ging nur schwer ab. Der kleine Junge schien wenig Durst zu haben, denn er selbst verlangte nie etwas, obwohl die Mutter ihm immer wieder einmal etwas zu trinken anbot. Er aß auch nie viel auf einmal, nur kleine Portionen Baby-Nahrung.

Das homöopathische Mittel für Nils war *Alumina*, Tonerde, die für die Trockenheit aller Schleimhäute bekannt ist. Dieses oft unterschätzte Mittel zielt auf die verzögerten Funktionen sowohl auf der geistigen als auch auf der Ebene des zentralen und peripheren Nervensystems. Die Idee ist funktionelle Langsamkeit, während die wiederkehrenden Erkältungen aufgrund schlecht durchbluteter Schleimhäute zu erklären sind. Dadurch ist der Abwehrmechanismus geschwächt. Bei Kindern treten *Alumina*-Zustände als Folge von künstlicher Babynahrung häufig auf. Es fehlt das „Belebende" oder das Lebendige der Nahrung.

Ich bespreche mit der Mutter die roten und den orangen Pomander. Sie könne einen für ihren Sohn auswählen – der rote Pomander würde die Lebensenergien an sich aktivieren, der orange oder korall-farbene mehr unter dem Aspekt des „In-die-Gänge-bringens" wirken. Die Mutter wählt den orangen, der „rieche angenehmer" als der rote. Es ist auch wichtig, dass die Mutter die Einreibungen am ganzen Körper von Nils gerne vornimmt und sich nicht an dem Geruch stört – denn auch sie wird ja im Prinzip mitbehandelt. Auch in ihrer Aura wirkt der Pomander, wenn sie ihn für Nils anwendet.

Dieses letzte Fallbeispiel, so einfach es aussehen mag, lässt leicht erkennen, dass die Homöopathie das zu Heilende provoziert und sich der Organismus *über die Gegenwirkung* selbst heilt, während die Aura-Soma-Therapie über *das Fehlende ergänzt* und auf diesem, eine *Resonanz* auslösenden Weg *eins* wird. Es zeigt sich ein Feld von nahezu unbegrenzten Möglichkeiten, um diese beiden sanften Heilweisen in einem Behandlungskonzept zu verbinden.

Literaturhinweise:

ALLGEMEIN:

Stefan Klein, Die Glücksformel, Rowohlt, 2002

Christiane Kessler, Amo ergo sum, Arbor-Verlag, 2002

Krishnamurti, Einbruch in die Freiheit, Aquamarin-Verlag, 2001

AURA-SOMA:

Vicky Wall, Aura-Soma – Wunder der Farbheilung, Edition Sternenprinz, 1990

Mike Booth, Ireen Dalichow, Aura-Soma – Heilung durch Farben, Pflanzen, Edelsteinenergien, Droemer, 1994

Mike Booth, Aura-Soma Equilibrium, Aquamarin-Verlag, 2002

Mike Booth/Peter Michel, Aura-Soma und die Chakras, Aquamarin-Verlag, 2003

Anita Bind-Klinger, Aura-Soma, Bachblüten und Reiki, Aquamarin-Verlag, 1998

Anita Bind-Klinger, Die Aura-Soma-Meisteressenzen, Aquamarin-Verlag, 1996

HOMÖOPATHIE:

Friedrich Graf, Homöopathie und die Gesunderhaltung, Sprangsrade Verlag, 2003

W. Boericke, Homöopathische Mittel und ihre Wirkungen, Verlag Grundlagen und Praxis, Leer

Georgos Vithoulkas, Essenzen hom. Mittel, Sylvia Faus-Verlag, 1998

Martin Bomhardt, Symbolische Materia Medica, Selbstverlag Berlin, 1994

Carl Classen, Klassische Homöopathie ars curandi, Kirchstr. 10, 76229 Karlsruhe

Peter Clotten, Susan Pfeiffer, Georgos Vithoulkas, Arkana/ Goldmann, 2002
Paul Herscu, Arzneimittelprüfungen, Kai Kröger-Verlag für Hom. Literatur, 2002
Dana Ullman, Homöopathie für Kinder, Econ-List, 1992
Fachzeitschrift: Homöopathische Einblicke, Verlag Medizinisches Forum, Manfred v. Richthofen-Str. 15, 12101 Berlin, Heft 24 und viele andere,
Homöopathische Zeitschriften, Grubmühlerfeldstr. 14a, 82119 Gauting, Heft 1/96, 2/96

Bezugsquelle von *Saccharum* aus resonanter Verreibung: Hulsberg-Apotheke, Am Hulsberg 23, 28205 Bremen, Tel. 0421- 44 58 40 oder
Labopharma, Nordhäuser Str. 30, 10589 Berlin
Literatur zu C4: IHHF, Institut für Hom.Heilmittel-Forschung, Gesellschaft für C4-Forschung, Zähringerstr. 349, 79108 Freiburg